効率的に
しっかり
儲ける

ほったらかしで、急落も怖くない

週55分で、毎週5万円儲ける株

藤本 誠之

はじめに

まいど！〝相場の福の神〟藤本誠之です。

数ある投資術の中から、この本を選んでくださって、ありがとうございます！

それにしても、皆さんはなぜ、本書を手にとってくださったのでしょうか。

株式投資に興味があるものの、どう始めたら良いかわからない、あるいは、どうにもうまくいかない。

それで、『**週55分で毎週5万円儲ける**』という本書のタイトルがピン！と来たのではないでしょうか。

「**週に55分なら簡単そう。**」

「**週に5万円ならけっこう良い収入になるぞ。**」

そんな風に考えてくださったのかな、と思います。

であるならば、皆さんは本当に運が良い方たちです。

まず、株式投資を選んだというのがご慧眼。

というのも、日本はこれから人口がどんどん減って、GDPは増えず、円の価値も下がっていくと考えられるからです。

円の価値とは、つまり現金の価値。銀行預金の価値です。

円の価値が下がると、銀行預金の残高の数字は同じでも、価値はどんどん目減りします。

一方、**株式投資は、低リスクで順調に資産を増やせる、現在の選択肢ではベストな方法**だと私は考えています。

そしてこの本は、相場の福、つまり勝つための株式投資術がすぐに身につく本です。

なぜなら、**株式投資でうまくいかない理由をなくす方法が教えられている**からです。

うまくいかない理由って、なんだと思いますか？

それは、実は「練習不足」です。

さまざまな投資術の本が出ていますが、実のところ株式投資って、最低限の基礎知識を身につけた後は〝習うより慣れよ〟。

何回も実戦を繰り返しているうちにだんだん慣れていく。そのうちに相場観が養われていく。そういうものなんです。

本書では、**スイングトレードといって、1週間から数週間単位で売買を繰り返す方法をお教えしています**。

1週間に数種類の銘柄を取引するので、結果的に短い期間でたくさんの銘柄で練習を積めることになります。

バブル崩壊前なら、株は買って寝かせておけば何倍にも成長してくれました。それは、高度成長の恩恵が続いていたからです。

しかし今は、ずっと成長し続ける時代ではなくなりました。そこで、安く買って高く売ることを何度も繰り返し、売買差益を繰り返し得ることで儲けていかなければなりません。

スイングトレードは、練習になるだけでなく、今の時代に合った株式投資の方法でもあるのです。

ですから、この本の基本は
「安く買って、高く売る。そしてなるべく損をしないようにする」。
そのバリエーションをひたすらやっていきます。

「株式投資は怖い」

そう考えながらも、勇気を奮って本書を手にしてくださった方もいることでしょう。

私は、そういう**慎重な方こそ、株式投資に挑戦すると、上手に儲けられる**と思っています。


株式投資で大失敗をするのは、自己アレンジをして原理原則を守らないから。

ですから、この本には大やけどをしないで上達する方法も、ちゃんと書いてあります。

投資術の原則をきちんと守っていけば、心配は無用ですよ！

最初は少し損をするかもしれませんが、大やけどではありません。

すぐに取り返せるようになるための授業料です。

損をする原因をきちんと分析することも、大切な勉強のひとつ。

反省して改めると、どんどん上達します。

この本を読めば、コンパクトなノウハウと時間で、きっちり儲けられるようになります。

そして何より、今週はどうやって儲けようかと、投資戦略を考えることが楽しみになります。

皆さんが、株式投資を楽しんでくださいますように。

そして、たくさんの相場の福が授かりますように！

2018年5月

藤本誠之

第1章 55分で行うスイングトレードの売買術 15

第2章　毎週5万円儲けるベーススキャンプ作り

第３章　福の神式半歩先読みの思考術はコレ

第4章　実戦！投資戦略①投資テーマ術　127

第5章 実戦！投資戦略②株主優待術 159

第8章　実戦！投資戦略⑤社長見きわめ術

カバー：齊藤加奈
編集協力：北千代

第1章

55分で行う スイングトレードの売買術

1週間単位で儲けるスイングトレード

まずは、「週55分で儲ける株」の全体像をもったいぶらずにお見せしましょう。

スイングトレードで確実に利益を上げるなら、**週末に戦略を考え、仕掛けるのは月曜**。

火曜・水曜は様子をうかがうだけでほったらかし、木曜に手じまう。

そして**金曜は相場をうかがう程度**で何もせず、週末に1週間のトレードの反省をする。

その反省をもとに、また翌週の戦略を考える。

この**1週間単位の繰り返しが基本**になります。

なぜ1週間単位で考えるのかって?

それは、平日は仕事や家事で忙しい人たちが、日常生活に負担がない範囲でトレードを行い、儲けを出すには、週末に作戦タイムを設けて仕掛けるのが、一番、効率的だからです。

月
火
水
木
金
土
日
戦略を練る＆反省する
オフ（様子をうかがう程度）
手じまう
夜、手じまい戦略を練る
ほったらかし
時々様子をうかがう
朝、仕掛ける！

週末30分で、投資戦略を決める

さて、週末の30分は、**おいしい銘柄を見つけて、どんな売買で儲けるかを考えるワクワク作戦タイム**です。

市場がお休みの週末なら、手持ち銘柄（基本は木曜に手じまいますが、保有し続けた方が良ければ保有します）の値動きに翻弄されることはありません。

また、土曜朝から月曜朝までは、東京だけでなくロンドンもニューヨークも市場はお休みですから、海外で大事件が起きても、対策を考える時間的余裕があります。

自分の時間がとれるということも重要ですが、**市場がお休みで何にも邪魔されず、惑わされない**ことはさらに重要です。この時間を有効活用しない手はありません。

じっくりと時間をかけて（といっても30分程度ですが・笑）検討できる週末の作戦タイムこそ、スイングトレードのキモなんです。

基本的に、福の神式のスイングトレードは、反省4割、準備5割、実働1割！

準備に時間をかけておけば、実際の売買に必要な時間はほんのちょっとだけ。だから、週末や夜の55分で週に5万円の儲けを出せるのです。

候補銘柄を10個選ぶ

来週どんな銘柄の取引をしようかな。

そこで、半歩先読み術を駆使して10の候補を考えます。

4～7章の先読み術と8章の社長見きわめ術との合わせ技です。

世間のトレンドとなるニュース、決算発表や株主優待の権利日のタイミング、東証一部上場など出世が近い、好材料となるニュースが出たなど、何かしらのトピックスに引っかかる銘柄があるはずです。

ところで、です。

名前を知っている株なんて、トヨタやＮＴＴ、ソフトバンクやメガバンク系など錚々たる企業だけで、日経新聞の証券欄を開いて見ても、見たことも聞いたこともないところばかりですよね。

ただもし今、株投資用に１００万円以上持っているなら、ポンと「トヨタ株（７２０３・トヨタ自動車）」が買えます。

でも、50万円しかない人は、通常考えれば1株５０００円超で１００株単位で売買するトヨタ株は買えません（まぁそもそも、一部上場の超大手企業は、この本のトレードでは基本的にはあまりオススメしませんが）。

だからといって、株式投資ができないわけじゃありません。

５万円で買える銘柄だって、たくさんあります。

ですから、**自分の資金の範囲で儲けが出る銘柄を探しましょう**。


ひとつ、前提となるお話をしましょう。

この本では、これから伸びる夢を持つ成長株や、実力に対して株価が安い割安株への投資をオススメしますが、割安過ぎるのも考えものです。

株価100円を割っている銘柄は、急落急騰するリスクが高いので、避けておくのが無難です。儲かる可能性がないとはいえませんが、100円未満の銘柄だと、下がる時はあっという間に潰れちゃう。

キホン、ここでお話しするのは週中はほったらかしのトレードだから、痛いんです（もちろんリスク管理の方法はお教えしますけどね）。

買うなら、せめて3桁の銘柄にしましょう。

1000円以上の銘柄なら、まずは安心です。

いくらなんでも、いきなり半分になっちゃうことはないですからね。

あと、ウォッチしている銘柄が多いと、決算日を把握するのも大変ですよね。

銘柄の候補は10銘柄ほど挙げておき、予算に応じて1～5つくらいをイメージトレードするようにしておくと良いでしょう。

10の候補銘柄は、時々入れ替えもしてくださいね。

チャートを見るのは日足だけでOK

名前は知られてないけど、キラリと輝くものがある。

そうした銘柄を見つけたら、その銘柄の**日足チャートを確認**します。

1週間単位のスイングトレードであれば、3章でお話しするように、見るのは簡単、25日移動平均線と75日移動平均線とだけです。

「今がその時」なのか、買いのサイン、売りのサインを見分けましょう。


また、今が「イケイケな相場！」なのか、それとも「みんな休憩中って感じ」なのか。

そんな、**マーケット全体の雰囲気を掴んでおく**ことも大切です。

市場の雰囲気に連動しやすい業界・業種もあれば、市場に逆行する銘柄や、全く影響を受けない業界・業種もあるためです。


マーケットの雰囲気を見るには、日経平均の日足チャートを使います。

この時も、25日移動平均線と75日移動平均線を目安に考えましょう。25日移動平均線が上がっている時は、「相場が良い時」と判断して良いでしょう。

テクニカル分析は、チャートに慣れるまではちょっと面倒に思うかもしれません。

けれどもこれは、「習うより慣れろ」。

3章に挙げる基本的なサインとその実例と、実際のチャートを見比べながら、慣れていってください。

さて、このチャートのチェックを終えたら、次は資金の配分です。

日足チャート例（日経平均）

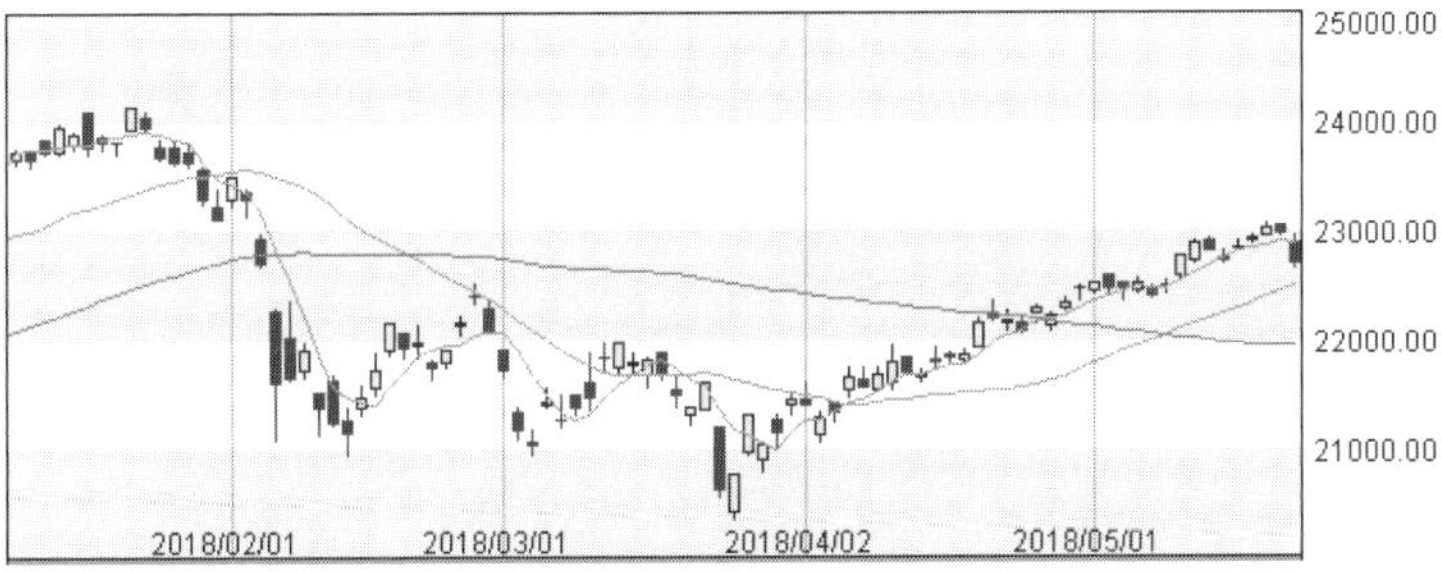

複数の投資戦略の資金配分を決めよう

週末にすべきもうひとつの仕事。

それは、**前の週を反省して、資金配分を決めること**です。

トレードの手順を一通りつかまないと、「反省」といっても何のことやらわからないので、反省の仕方については、この章のおしまいで詳しくお話しします。

ここでは、資金配分を決める時に必要な、

「今、調子が良いのかどうか」

という客観的な判断についてお話ししましょう。

さて、この本を読んで、初めてスイングトレードに挑戦しようという人は、多分、いきなりそんなにたくさんの資金を突っ込もうとはしないでしょう。

「とりあえず、50万円だけは用意した！」

って感じじゃないでしょうか。

つまり、この限られた資金を使って、1割の儲けを出さないと、週に5万円、1か月に20万円の利益にならないわけです。

この50万円をどう使うか。

上手な資金配分こそが、スイングトレードで儲けを出せる鍵でもあるわけです。


さて、皆さん、もうネット証券の取引口座を開く心の準備はできていますよね？

この時、2章で詳しくお話しするように、信用取引口座も開きましょう。**信用取引**＊とは、一定の保証金を預けることでお金や株を借りて取引できることです。

信用取引を使って、50万円の現金を担保に100万円分の信用取引枠を活用するのが、本書の基本スタンスです。

信用取引は株を担保にしたり、50万円を担保にすれば150万円程度まで取引可能ですが、リスクが大き過ぎるので、本書のトレードではそこまで使いません。

※信用取引については、制度信用取引（取引できる銘柄、借入れた現金や株式を返済する期限などが、取引所の規則で決められている信用取引）で十分です。

そして、月~木の4日間ポジションを置くので、**相場リスクを考えながら、信用取引と現物株を上手に買い分けて、資金を回転させていく**ことがポイントになります。

で、現物株と信用取引の資金配分を考える時に大切なのが、

「今、自分は調子良いか?」

「今、市場は調子良いか?」

の2つです。

現物株と信用取引の絶妙バランスを狙え!

現物株はリスクが低いけれど、馬力は弱い。

信用取引は、リスクがあるけれど、瞬発力が大きいターボエンジンのようなもの。

そうイメージしてください。

この2種類の武器の使い分けは、「自分」と「市場」の調子によります。

①自分も市場も調子が良い

↓信用取引というターボエンジンを使って、現金を担保に担保の2倍までの信用取引で、調子が良いうちにがっつり儲けておく。

信用取引では、元手の3倍まで買えますが、いくら調子が良くても2倍までに留めておきます。

②自分か市場の調子がイマイチ

↓信用取引は使わず、現物取引のみに切り替えます。

③もっとリスクが高い時

↓現物取引の買いに、信用取引で50万円分の日経平均インバース型ETFを買いましょう。これは、日経平均が下がったら上がる、その逆もあるというタイプのETFです。要するに、市場の逆張りをするわけです。

基本的に、**不調の時も、ポジションは小さくするものの、トレードはやめない**ことをオススメします。相場を見る目が鈍るからです。


しばらくやっていればまた持ち直して来る。

だから、勝ち始めたらポジションを戻していく。

これを基本の資金配分の考え方とすれば、リスクは抑えて、儲ける時には積極的に利益を取りにいくことができるんです。


また、現物株はリスクが低めなので、長く保有しても大丈夫。

信用取引はできればそんなに長く持っていない方が安心。

ならば月曜に信用取引で買ってみて、木曜日になってある程度の利益が出て、「もう少し長く持っていたいな」と思ったら、信用取引のほとんどを手じまい、残った信用買いを手じまいした利益で現物株に入れ替えるというのもアリです。

これを**現引き**といいます。

持ち株数が減るので、その後の儲け率は減りますが、仮に損をしても元手に傷はついていないので、心理的なダメージは大きくありません。

ポジションを長く持つ時ほど、損をしにくい資金配分を考える。
すると、気が楽になるので、株式投資が楽しく続けられるようになりますよ。

スイングトレードでは2単位買うことが重要

また、スイングトレードでは、ひとつの銘柄を複数単位、つまり最低でも2単位は買うことを強くオススメします。

というのも、3章で詳しくお話ししますが、スイングトレードでは、成長株投資と割安株投資をうまく使い分けることも必要だからです。

現在の日本の株式市場では、株式は100株か、1000株の単位で売られています。

1単位100株の銘柄に1430円の値がついていたら、1単位14万3000円で買えるということです。50万円の資金で現物株を買うなら、3単位（42万9000円）買えますね。

最低2単位以上買うべき理由は、選択肢を増やすためです。

もし、1単位しか買わなかったとしたら、その後の選択肢は、売るか持ち続けるかの2択です。

でも、**2単位持っていたら、第3の選択肢ができる**のです。

つまり、**売るか、持ち続けるか、1単位売って1単位は持ち続けるか**。

たいていの人は、買う時に、「この銘柄は上がる」と信じて買います。しかし、自分は上がると思っているけれど、株価はどうも思ったようには上がらないということもあるでしょう。

「売ろうかな、どうしようかな、でも上がりそうな気がするんだよな、売っちゃってから上がったらイヤだな、でも下がっちゃってもイヤだな……」

そんな時の人間って、本当に決められないものです。延々と同じことをぐるぐると考え続けて、迷っちゃいます。

でも2単位買っていれば、

「じゃあ、決められないから、1単位は売っちゃって、1単位だけもう少し持っていてみ

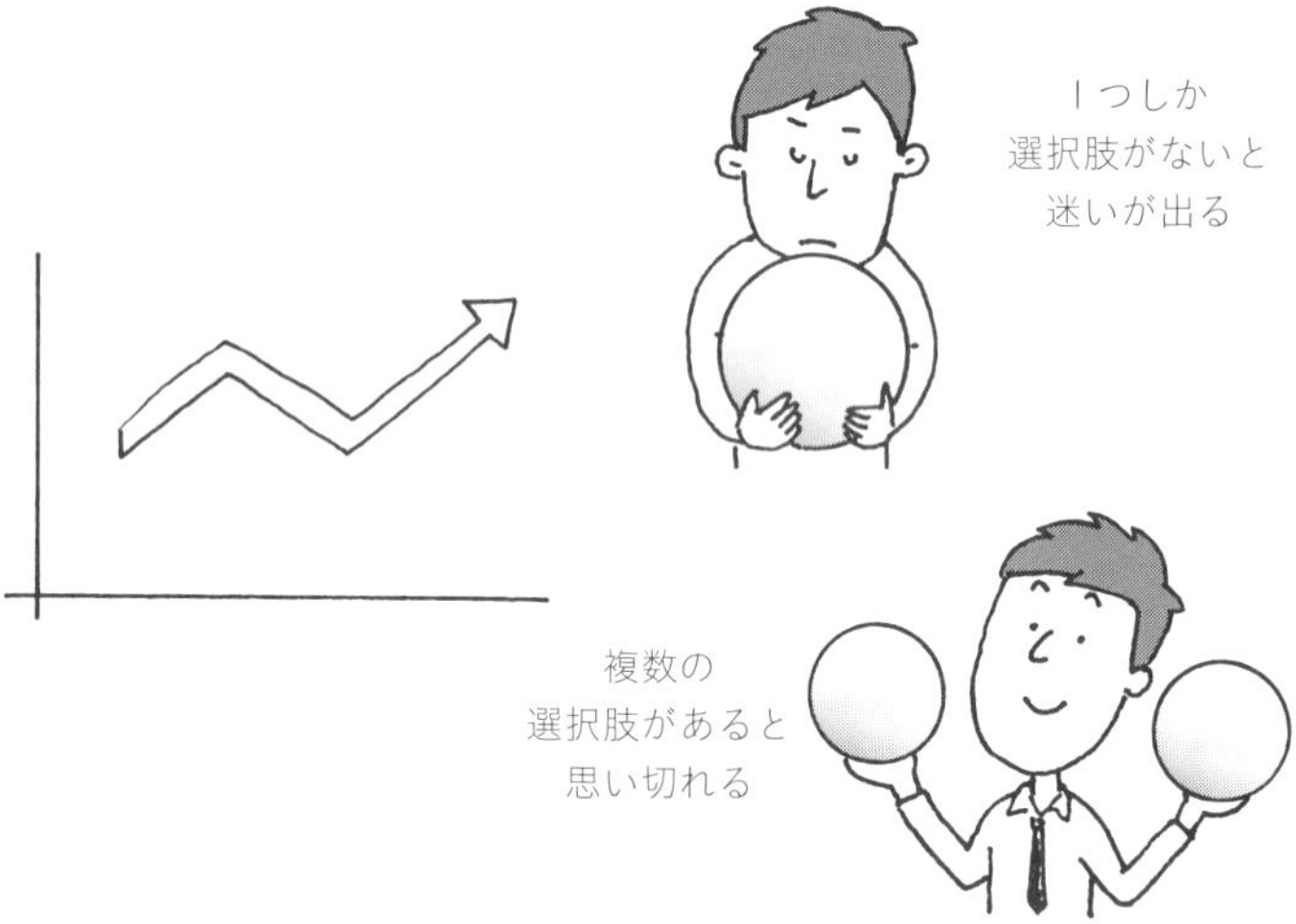
1つしか
選択肢がないと
迷いが出る
複数の
選択肢があると
思い切れる

よう」

と、すっぱり思い切れるんです。

そうすれば、株価が上がるのにちょっと時間がかかってしまっても、その間に資金の一部は別の銘柄に投資して、効率良く儲けられるかもしれない。

結局、上がるどころか下がっちゃったとしても、一部は早めに損切りしておいたから、痛手は小さくて済むかもしれない。

決断がしやすくなるし、「値下がりしちゃうリスク」だけでなく、「他の株が値上がりしているのに、買えなくて儲けるチャンスを逃すリスク」も小さく抑えられるというわけです。

デイトレードであれば、毎日、「朝買って値上がりしたら売る」を繰り返すので、持ち続けることを考える必要は、あまりありません。毎日手じまいするので、翌日には資金を再び使えます。

しかし、スイングトレードでは月曜日に買って、火曜・水曜と持ち続けて、木曜日に手じまいします。あるいは木曜日になっても売らずに翌週まで持ち越す可能性もあります。

つまり、ある銘柄を持ち続けている間は、その資金を使えないのです。

例えば、月曜日に１４３０円の銘柄Aを買いました。水曜日にはAは５％アップの１５０１円に値上がりしました。一方、月曜日に同じく１４３０円だった銘柄Bは10％アップの１５７３円をつけました。そうなったらどうでしょう。

誰だって、

「Bを買っておけばよかった！」

って思いますよね。

Aを３単位買っていれば、火曜日に銘柄A×２単位分に見切りをつけて売り、じわじわ上がり始めた銘柄B×２単位に乗り換えれば、約30万円の資金を有効に使えます。

また、売る時だけでなく、「そもそも、この銘柄を今、買うべきかどうか」と迷うこともあります。

寄付（市場の開場時間）でいきなり高値をつけちゃった時などです。

「うわー、今週は上がると思って買おうとしていたら、いきなりこんなに上がっちゃった！どうする？　今から買う？　まだ上がるかな？」

そんな風に迷った時は、**まず1単位だけ買ってみる**のです。

その後、様子を見ていて、まだまだ上がりそうなら、1単位目よりも高くなっていても

時間差で買い足す。

あるいは、ピュッと上がったけれど、やがて落ち着いた後もまだ、「また反発して上がりそうだ」と思ったら、指値を安めに設定しておいて買い足す。

このように、**買うタイミングをずらす**と、1単位は高値で買ってしまったとしても、もっと安く買えるチャンスが来るかもしれないし、想像以上に上がる株を追っかけてつかむことができるかもしれません。

そこで、一度に持っている資金を全てつぎ込むのではなく、分散して投資して、購入価格を平均する。これもスイングトレードならではの戦略です。

銘柄だけでなく、取引タイミングを分散させるという発想も大事なのです。

数度に分けて買うとその分、手数料も発生しますが、そこは必要経費と割り切って、ケチるのはやめましょう。

デイトレードほど頻繁に売買するわけじゃないんですから。

50万円の資金でも、複数単位で銘柄を持てば、リスクを抑えられて安心するし、何回かに分けて取引をすれば、その分、トレードの練習にもなります。

ですから、勝負をしたければ複数単位を一度の勝負に使い、どう勝負すればわからないけれど、少しずつで良いからなんとか儲けをとっていきたいなら、資金を分散すれば良いんです。

月曜に仕掛ける理由

月曜にトレードを開始するのは、ニューヨークの相場が金曜（日本時間の土曜朝）に終わっていて、環境が変わらない状態で週末を挟み、朝を迎えられるからです。

つまり、トレードを開始する日の朝6時以降、8時半頃までのわずかな時間に判断しなくて良い。**土曜の朝から日曜夜にかけて、ゆっくりと戦略を考えてから、仕掛けられる**からです。

つまり、条件反射でトレードしなくても良いのです。

もちろん、土日の間も、世界は動いています。

しかし、ロンドンもニューヨークも市場が閉まっているので、相場そのものが動くわけではありません。仮に木曜の夜から土曜の朝にかけて何かが起きても、対策を考える時間は充分にあります。

日曜の夜に何かが起きて、月曜の朝の日本の相場に影響するのは、唯一、選挙結果のみです。これは、国内だけでなく海外の選挙結果でも、マイナスの影響を及ぼす可能性があります。

しかし、選挙は突発的な出来事ではなく、あらかじめスケジュールがわかっているもの。結果を予測しておくことだって可能です。ですから、相場に想定外のマイナスの影響が出るケースもあるけれど、それは例外中の例外と考えて良いでしょう。

セコい指値は厳禁、余裕の指値注文が吉な訳

月曜朝、週末に考えた戦略通りに、いざ仕掛けます。

日中お勤めの方などは、9時の寄付（市場の開場時間）にタイミングを合わせて注文はできないでしょうから、あらかじめ「指値」しておくことになります。

指値は、希望取引価格を指定して発注する方法のことですが、ちょっと**思い切った額を指定するのが良い**と思います。

「おおっ！　値上がりしそう!!」と思いながらも、ちまっとした金額しか上乗せしない指値にしておくと、買えずに終わってしまう可能性が高いからです。

だから、「この値段では買いたくない」という直前の、かなり余裕を持った指値にしておきましょう。

10円20円単位の差で狙った獲物を逃しているとキリがありません。

前週の**終値よりも数％高い指値をつけておくのが良い**と思います。

結局、そこまでの高値がつかない銘柄は、失速しちゃって、それほどの旨味が出ないんです。それで、その後失速してから自分の指値で買えることもあります。でももう、下降トレンドに入ってしまっているかもしれない。それは避けたいですよね。

そういうことが見込まれる場合は、『寄り』の『条件付き注文』で指値注文してみましょう。こうすれば、自分の指値注文は、寄付だけ対象となるので、『始値』が自分の買い指値より高かった場合は、買えずにすぐに取り消されるのです。

ただ寄付で予想よりもはるか上をいく高値をつけて、思い切ったつもりの指値でも買えなかったという時もあります。それで、

「ここまで上がると知っていれば、買わなきゃ損って気分になってきたよ」

という場合には、条件付き注文で、さらに高い買い指値で出してみると良いと思います。高く設定するのは、下がってから買えても下がる一方の可能性が高いからです。

そして、この失敗を生かすために、そのまま上がっていくのか、下がってしまったのかという結果を、ちゃんと追いかけて確認しておきましょう。それが、次回その銘柄を買う

時の、重要なポイントになります。

また、翌日また上がるかもしれないという時は、月曜はかなり高めの指値で買い、その結果を見て火曜にさらに高値で追加するという時間分散投資の戦略もアリですね。

サラリーマンも、忙しい主婦でもできる「メール通知」「プッシュ通知」で確認

狙った銘柄の取引が完了（約定）したら、取引成立のお知らせメールが届くか、スマホ画面に通知が表示されるようにあらかじめ設定しておくのは、もはや忙しい人のトレードには必須な作業です。

報せを確認したら、すかさずやっておいてもらいたいことがあります。

それは、**買った銘柄が指定した金額になったらメール通知が来るようにアラート設定**することです。

これは、利益をとる上でも、損を出さないためにも、最も重要なポイントです。

アラートで設定するのは、**損切りポイント**の金額。

株価が下がってしまった場合の損切りのルール設定については、3章でお話ししますね。

「危険なら、アラートとかより、さっさと売る**逆指値**をした方が良いんでないの?」

という考えもありますよね。

アラートメールをチェックできる状況なら、基本的には逆指値は入れない方が良いんです。逆にすぐにはチェックできないような状況では、逆指値によるロスカット注文を入れておいても良いと思います。

というのも、株価は時々刻々と変わります。取引が多い日は、瞬間的に下がってすぐに押し戻したりもします。ですから、ちょっと下がったらすぐに売ってしまうようでは、スイングトレードでは儲けが全然とれない結果になってしまうのです。

そこで、少し長い目で見て、もし月曜のうちにアラートメールが来たら、翌日売り気配スタートになるのは覚悟の上で、**終値ベースで損切りポイントを割ったことを確認してから一晩置いて、売り時を考えましょう**。

もちろん、損切りラインのお知らせが届いて、しばらく情勢を見守ることができるのなら、すぐに売ってしまうのもOKです。

月曜〜水曜の日中は、昼休みのロスカット注文だけ

「上がる！」と思う株を月曜の朝にうまく買って、午前中はアラートメールも来なかった。昼休み、一体いくらに上がってるか、チェックするのが楽しみですね。

首尾良く値上がりしていたら、**アラート設定の価格も、現在の価格に合わせて設定し直しましょう。**

これは、毎日必ず行うと良いですよ。

また、暴落時への対応として、前にもお話ししたとおり「今日はアラートメールにすぐに対応できないな」という場合には、損切りラインよりもやや安めのラインで、ロスカット注文を入れておくのも良いでしょう。

こうした備えをしておけば、それ以降、水曜までの日中は、仕事や家事などで忙しいでしょうから、**株のことは忘れてくださって結構です**。

そのための、ほったらかしスイングトレードです。

ただ、株価に大きく影響するようなニュースが入ってきた時は、当たり前ですが、ちゃんと情報と株価をチェックしましょうね。

アラートメールが鳴ってしまったら

さて、基本的には月曜朝に買って木曜に売るので、火曜・水曜の日中にすることは昼休みのロスカット注文だけです。

ただまぁ、**手持ち銘柄の株価くらい、日に一度はチェック**しておきましょう。

上がったら順調、下がったら残念。

それくらいのチェックに留めておいて、前にもお話ししたように、あまり**小さな値動きにナーバスにならない**ことが、スイングトレードで利益を得るには大事です。

ただ、「小さな値動き」レベルでなく大幅に下がってしまったら、失敗を認めてさっさと売ることとです。

アラートメールが入った時も同様です。

あまりにも下がってしまっているようなら、さっさと見切りをつけましょう。

「まだそこまでは下がっていないけど、なんかイヤな感じがする」

という時も、火曜でも水曜でも、さっさと売ってしまって構いません。売買コストを気にせずにポジションを外してしまいましょう。

全部売ってしまうのが気になるのであれば、ポジションを半分にするだけで、ずいぶんと気が軽くなるはずです。

数日間株を持っていると、どうしても全体の相場の影響をくらいやすくなります。でも、日経平均株価を基準にして「いつ降りるか」を事前に決めておけば、暴落の前に切り抜けることができます。

例えば、

「ちょっと儲けたら［信用取引で元手の2倍］の基本ポジションから、信用取引を半分手じまい、半分を現引きして現物取引にして、基本ポジションの半分にしておく」などと決めておけば、被害が減るのです。

水曜の夜15分で手じまい戦略を考える

水曜日の晩には、15分で木曜日のために利益を確定させる戦略を立てます。

翌週に持ち越す銘柄や、そのポジションも考えておくと良いでしょう。

手じまいの戦略は、木曜の朝にも考える時間をとりますが、状況が不利な様子なら、水曜に決めちゃっても良いのです。相場が開く前にある程度、腹を決めておけば、落ち着いて売買できますからね。

株式投資を始めたばかりの頃は、ワンクリックするだけで何十万円と動くので、少なからず、ドキドキするはずです。売買することや、決めることを「怖い」と感じるかもしれません。

けれど、売買することを恐れないのが、株式投資で上達する秘訣です。特に、

「なんだかイヤな予感がする」

「ちょっと下がっていて気分が悪い」

「あまり上がらなくて期待外れだな」

など、**イヤな感覚があったら、さっさと手じまうことで、売られていく銘柄を嗅ぎ分ける勝負勘が鍛えられていきます**。

というのも、値を下げていたら、基本、他の個人投資家も売っていくからです。

「イヤな感じ」というのは、売られていく銘柄を見分ける直感、個人投資家に蔓延する「売ろうかな」という気分のようなものなんです。

そうそう、売った後は、その後の値動きも確認して、自分の勘が正しかったかどうかも検証しておきましょうね。

下がった銘柄のリリース戦略

水曜夜には、まず、**下がっている銘柄や一度上がってから、下がり始めた銘柄をチェック**します。

もしかしたら、下げているのは今だけかもしれませんが、週末持ち越すとリスクが上がります。

一旦売って手放しておいて様子を見て、再び上がり始めてからもう一度買えば良いので、翌日リリースするように手はずをつけましょう。

いついくらで売るかは、翌日の仕事や用事の都合を考慮して、相場をチェックしたら**すぐに売買できる予定かどうかで判断**してください。

会議が続いてそんな余裕がないスケジュールならば、寄付で売れるように成行注文をしておくのがオススメです。

上がった銘柄の見きわめ戦略

一方、儲かっている場合も、ここらで利益を確定させるか、持ち越すか、決めましょう。

基本は1週間でしっかり5万円儲けていきますが、市場全体を見て、

「まだ持っていても良さそうだな」

と判断した銘柄は、リスクとのバランスを考えて、**1単位だけ残して売る**のも良いでしょう。

たとえば、信用取引で1割の利益が出たら、信用買いの9割を手じまい、その利益額で1割を信用取引から現物取引に切り替えます。

こうすれば、元手はそっくり残したまま、その銘柄を現物で手元に置いておけます。

信用取引では、あまり長期に持ち続けない方が安心です。

持ち続ける時は、ポジションをどうするか戦略を考えましょう。

このままのポジションを持つのではなく、どうやって持ち続ければリスクを減らし、儲

けを取れるのか。

判断材料は、まずはマーケットです。

日経平均株価のチャートを見て、25日移動平均線を基準に考えます。

株価が平均線を上回っているか、平均線が右肩上がりに上昇していればゴーサイン。この状況の市場リスクは小さいので、ポジションは大きくとって、まず大丈夫。がんばって稼ぎましょう。

日経平均が割り込んでいる下落トレンドでは、マーケットリスクが高くなっています。とはいえ、保有している銘柄はロスカットルールよりも上回っている状態。

この先どうなったら下落トレンドになるかを考えて、ポジションは、投資できる金額全体の半分以下に落としましょう。

そして、「高値よりいくらか下がったら売る」体制を整えておきます。

そもそもスイングトレードでは、もともとの**「買った理由」がなくならない限りは、売らなくても構いません。**

業績発表を買った理由にしていたのなら、業績発表が終わったら売っても良い。でも、まだ上がり続けているなら、相場全体のトレンドなど、別の理由で上がっています。損をしている時に明確な理由がなくて持っているのはダメですが、上がっている状況なら、持っていても大丈夫です。

加えて、上がっている理由が明確にわかっていたら、持っていても安心できます。

ただ、翌週になったら新しい銘柄を買いたくなるかもしれませんよね。

投資金額や保有銘柄数にもよりますが、トレードを始めた頃なら、積極的に売って利益を確定しておいても良いと思います。

練習の観点で言えば、どんどん売買する方がトレーニングを積めるからです。

複数買える状況なら、調子の良い銘柄についてはひとつくらいポジションを持っておいて、他の資金を回しても良いでしょう。

木曜日の10分で、手じまう

木曜日に行うのは、前の夜立てた戦略に従って、まず**下がっている銘柄や一度上がってから、下がり始めた銘柄をリリースする**こと。

余裕がないなら、前にお話ししたように、寄付で成行注文して手放してしまいましょう。

相場をチェックしながら取引できるなら、寄付で売らなくても構いませんが、下がっている時は、まぁ「下手な考え休むに似たり」。

うまくいかない流れなので、あまり考えずに、セコく儲けようとも思わずに、さっさと手放してしまってください。

そして、上がっていて手じまうことを決めた銘柄についても、粛々と利益を確定させることです。

で、木曜に手じまいをする理由。

それは、基本的に、「**金曜日のトレードは難しいから**」です。

金曜は、週末に2連休となるので、トレードの状況がぶれやすいのです。

さらにブレやすいのは、3連休前の金曜日。時には相場全体が高値をつけることもありますが、逆に売られまくることもあり、予想するのはとても難しいのです。
だから、**わざわざ難しいタイミングを選んで取引しなくても、楽勝できる時だけ勝てば良い**んです。
難しい時には、自分の投資金額の10%くらいの少額の取引にして、細かくトレードしましょう。

やはり、相場は実際に入らないとわかりにくくなります。

有利な時だけ、大きく投資して、美味しいところだけを持っていく。

個人投資家が勝ち続けるには、マーケットからは完全に離れずに『休んでもよい』というのが大切なルールです。こうすれば、相場が好転したことが、良くわかるようになります。

金曜日は様子を見ておけば良い

というわけで、木曜にだいたい手じまってしまうので、金曜日の日中は、ほとんどやることはありません。

金曜の夜にどうしてもやらなければならないことも、ありません。

反省会も、ニューヨークの市場が閉まった土曜の朝以降に、先送りしても大丈夫。

金曜日には、アメリカの雇用統計の発表がありますが、そもそも株を持っていなければ、チェックすら、土曜の朝で問題ありません。


「どうしても何かしなければ気になる！」

というあなた。

証券会社や株関連のサイトで**新高値、新安値銘柄**を見て、傾向をチェックしておくと良

いでしょう。

新高値とは、今までよりもその銘柄が買われているというサイン。

新安値は、逆になんらかの理由で売られているというサインです。

業種に由来するのか。

時価総額の大小に関係があるのか。

市場なのか。

そういうざっくりとした傾向をつかみましょう。すると、その中で出遅れている銘柄を探すこともできるかもしれません。これは、一歩先読みをする上で、重要な要素になります。

相場では、水準だけでなく、一体どんな銘柄が売られているのかを確認することが大事なのです。

週末、株を持っておかない理由

金曜日に株を持ったままにしておくリスクが高い理由もお話ししておきましょう。

それは、事件が起こらなくても相場が読みにくいのが金曜日。

しかも、日本の市場が閉まった後も、ロンドンとニューヨークはまだ、ギンギンに動いています。

そんな日本時間の金曜日の晩、つまりニューヨークの真昼間に、もしニューヨークで何かが起こったら？

翌週月曜日に何が起きるか、わかったもんじゃありません。

「月曜日、市場が開いたら、オレが売り逃げる前に暴落するんだろうな〜〜〜（号泣）」

と、ドキドキしながら、週末の夜を過ごしたいですか？

そんなの、絶対に嫌ですよね。

金曜の夜は、

「今週も良く働いたぞー！　週末のビールは格別だ！」

と、鼻歌でも歌って過ごしたいですよね。

来週に持ち越す株をたくさん持っていたら、夜の経済ニュースを見て、酔いが一気に冷めちゃう事件が起きるかもしれない。

もし、投資金額全体の2割くらい持っていたら?

ま、それくらいはリスクの許容範囲。自分のリスク管理もなかなかだと、自分を慰めれば、来週取り返そうという気持ちも湧いてくるでしょう。

で、ついうっかり全額突っ込んでいたら?

号泣ですよね。

頭の中でそろばん弾いて、目減りする金額を計算したら、「お代わり!」と出しかけたビアジョッキ、思わず引っ込めちゃいますよね。

「この銘柄は、来週も上がる」

そういう確信がないのなら、木曜にはポジションを降りてしまう。月~木曜のウイークリートレードに徹する。

これは、スイングトレードで勝率を上げるためには、かなり重要なポイントです。

土日は反省会も

さて、週末になりました。

翌週の戦略を……の前に、**トレード結果の反省会**をしておきましょう。

まずは、持ち越している銘柄のポジションの最終チェックをしましょう。

持ち続けて良い銘柄は、「買った理由が続いている」「買った理由はなくなったものの、好調が続いている」ものというのが、基本ルール。

この基本ルールが生きているかどうかを毎週末、必ずチェックしなければ、トレードは上達しません。

チェックポイントは、まず「**買い値より下がった塩漬け銘柄を持っていないか?**」

水曜夜時点では、まだ上がると思って手じまいせずに置いておいた銘柄が、その後ガクッと下がっていたら持ってちゃダメ！　さっさと売ってしまいましょう。

損をしていないけれど、利益も出していない場合の方が、難しいですよね。

その判断のために、持っている銘柄のポジションの最終チェックを週末に行います。

チェックの方法は、**「チャート」「持っている理由があるか」「持っているポジションに対して損切りポイントが妥当か」**。

そして、アラートメールを設定し直します。


それから、3章でお話しする「福の神式運用チェックシート」をフル活用して、今週のトレードを見直しましょう。

予定通り5万円を儲けられたでしょうか。

何をどう考えてトレードしたから、そうなったのでしょうか。

今一度考えて、翌週につなげます。


トレードの反省が終わったら、次は相場の復習です。

日経平均株価、為替、マザーズ、NYダウなどを見て、さらっと今週の相場を復習します。

為替を見る場合は、円、ドル、ユーロの3つの通貨をチェックしてください。

つまり、**円×ドルの他に、ドル×ユーロ、円×ユーロも見る**のです。

円高といっても、実は、ドルが下がっているだけで、円はたまたま上がっているのかもしれません。それで、ユーロも見てチェックするのです。

ユーロに対してドルが売られて、円に対してもドルが売られて、その結果円ドルで円高になっているのかもしれません。円高なのかドル高なのかは円ユーロを見なければわからないので、見きわめておきましょう。

そして、**翌週のスケジュール把握**です。

ワールドカップが始まる、雇用統計の発表があるなどの世界的行事のほか、気になっている銘柄の決算日は近づいていませんか？

そして10個選んだ銘柄の中から、その週仕掛けるものを選びましょう。

これで、1週間のトレードはおしまいです。

相場格言に

「勝ちに不思議の勝ちあり、負けに不思議の負けなし」

というものがあります。

理由はしかとはわからないけれど、好調で高値をつけ続けていることはあっても、値下がりする時は必ず理由があります。

ですから、**勝っている時は甘くても良いけれど、負けた理由はしっかり見ておかなければなりません**。

やられている時は、ココロが弱っていますから、負けたことはさっさと忘れたいもの。どうしても目を背けがちですが、負けた理由には、同じ失敗をしないための教訓が詰まっているんです。

ですから、ここでちゃんと勉強できることが、株式投資で儲けられる頭になれるかどうかの瀬戸際なんです。

ぜひ、意義ある反省会を行って、相場の福をどんどん味方につけていってください。

第2章 毎週5万円儲けるベースキャンプ作り

週55分で、
毎週5万円
儲ける株

ぽっきり50万円、準備して！

さて、株式投資って、一体いくらから始められるのでしょうか？

ここではそんな「投資金額」の話から、売買に必要なネット口座作り、情報収集のツールなど、「儲けるためのベースキャンプ」を作るためのお話をしましょう。

で、問題です。毎週5万円儲けるためには、資金はいくら必要だと思いますか？

ざっくり計算すると、100万円を投資して、5％の利益を出せば、5万円の儲けということになります。つまり、手数料など細かいことは置いておいて、購入価格100万円の株が、105万円になれば5万円儲かるというわけです。

5％の利益なら、難しくないと思いませんか？

なぜなら1000円の銘柄が数日で1050円に値上がりすることはそう珍しくもない

からです。

じゃあなんで藤本は、「ぽっきり50万円」としたのか。

総額50万円分を買って、1週間で1割儲けられる銘柄があるから?

いやいやいやいやいや、そういうわけではありません。

はっきり言って、

「この銘柄に投資すれば自動的に週に5万円儲かる!」

なんてそんなおいしい話は、この本のどこにも載っていません。

期待した方、残念でした。藤本の推奨する投資法は、もっと地道です。

だからといって、がっかりしないでください。

投資金額を元手の3倍にするおいしい方法があるんです。

それは、「**信用取引**」という制度。

信用取引を使えば、**30数万円の元手があれば、3倍の100万円まで投資ができます**。

ちょっとだけ高い銘柄を買いたい時や、今週買った銘柄を来週まで残しておきたい時のことを考えて、50万円もあれば十分、週に5万円の儲けが出せるはずです。

それに**50万円なら、庶民の私たちの臨時収入やへそくりでも、なんとか手に届く範囲**じゃないでしょうか。

「でも資金の3倍まで投資できるなら、50万円用意しなくても35万円も用意すれば良いんじゃない？」

そう言いたくなる気持ちはわかりますが、残念ながら、それはちょっと難しい。

というのも、**信用取引には、最低30万円の証拠金が必要**だからです。

30万円ちょうどしか用意していないと、株価が購入時よりちょっと下がってしまっただけで、資金は30万円以下に目減りしてしまいます。すると、その瞬間から、信用取引ができなくなってしまうのです。それに、売買には手数料だってかかります。

例えば、簡単な例で考えてみましょう。

スマホの電卓アプリでも用意して、一緒に計算してみてください。

話がそれちゃいますが、こういう**計算を通して、ひとつの数字を細かく考える習慣**は、株式投資ではとても重要です。

計算をするかしないかで、損と得の分かれ道になることもあるんです。

なので、「面倒だな」と思っても、必ず計算してみる習慣をここでつけちゃいましょう。


さて、口座に35万円用意して、購入金額の合計額が30万円の銘柄を買うとします。

で、売買の手数料は１０８円だとします。

もうそれだけで、資金は口座の残金・株合わせて34万９８９２円になっちゃうんです。

しかも、買った株が１％値下がりすると、株の現物29万７０００円＋口座の残金４万９８９２円＝34万６８９２円に。

この調子でいくと、いつ追加の資金を入金しなくちゃならないか、ドキドキしながら相場を見守らなきゃいけなくなってしまいます。

……これは、心臓に悪いですよね。


だから、**資金はゆとりを持って最低でも50万円は用意しておきたい**ところ。

まぁ、ちょっと足りない49万円だったとしても、細かいことは言いませんが……

また、50万円の資金があれば、信用取引の割合を減らして、**リスクを抑えることもできます**。

この本では、元手の3倍まで投資することはオススメしていません。

なぜなら、保有時間が短いデイトレードなら資金をギリギリいっぱいまで使う方が有利ですが、スイングトレードではもう少し保有している時間が長いため、暴落のリスクも高まるからです。

そこで、**50万円を担保にして、信用取引で100万円分の『信用建玉』（信用取引で購入した分）を持つ100万円を基本ポジション**と考えることを基本方針にしています。

これは、

- **1週間単位で資金を回転させ、**
- **株価良好な銘柄は1週間以上保有しておけるように**

という考えからです。

もちろん、もっと投資資金があるなら、１００万円以上買ったって良いんです。

でも、もしあなたが株式投資の初心者なら、総額１００万円での売買に慣れてから、もっと資金を増やしていっても、全然遅くないと思います。

なぜなら、本書の投資法では毎週トレードをするので、３か月もしたら初心者を卒業できるくらいまで、投資に慣れるからです。

ちなみに、50万円以下で買える銘柄は、２０１８年5月18日現在で約３２００あります。東証全体は約３６００銘柄なので、**およそ9割の銘柄は、１００万円の基本ポジションで、複数単位に投資できる**のです。

もちろん、ネット口座は持ってますよね？

資金があるだけじゃ、株式投資はできません。で、必要なのが、「取引口座」です。

それも、ネット口座です。

週55分でバラ色の投資生活を送るには、実はここがポイントになるんです。

ネット口座の主なメリットは、次の通りです。

①手数料が安い

手数料は安いに越したことがありません。数か月保有し続ける長期投資なら売買手数料は気にする必要はありませんが、週に1度複数の銘柄を売買するスイングトレードの場合は、それなりに手数料がかかります。

②逆指値注文が出せる

リスクが高い投資をする上では絶対に必要な、損切りのための魔除けのお守りです。

③深夜や早朝のうちに注文を出せる

時間に制限がある方でも、空き時間にトレードできます。

④証券会社のウェブサイトや顧客ページの投資情報を使える

たいていの証券会社では、ニュース配信・市況情報・会社情報・検索サービス・初心者用の投資講座や投資用語解説などのサービスを備えていて、口座があれば無料で使えます。メールマガジンなどを発行している場合もありますから、必要に応じて利用しましょう。投資関連のメールマガジンやニュース情報は、毎日隅から隅まで読む必要はありません。でも、蓄積はしておきましょう。後日、銘柄選びのデータファイルとして使用できます。

⑤スマホからも売買できる

空き時間にトレードをするには、スマホを上手に活用しましょう。昼休みや隙間時間に株価をチェックしたり、注文を出したりできると、リスクも抑えやすくなります。

さて、ここで初めてネット口座を開く方もいるかと思います。証券会社の口座の開き方はどこも似たようなものなので、トライしてみてください。

① まず、現物口座を開きます

ここでは、SBI証券のサイトで説明します。ネット上で名前などを入力すれば、その場で口座を開く手続きが進みます。

なお、口座を開くには、マイナンバーの提示が必要になりました。通知カードか、個人番号カードのコピーを用意してください。

また書類の提出は、Webアップロードでも Eメールでも、書面でもできます。

もしまだNISAの口座を作っていないなら、同時に申し込みできるので、ついでに開いちゃうと便利です。そして、NISA口座のほうは、1年くらいの長期投資に使ってください。

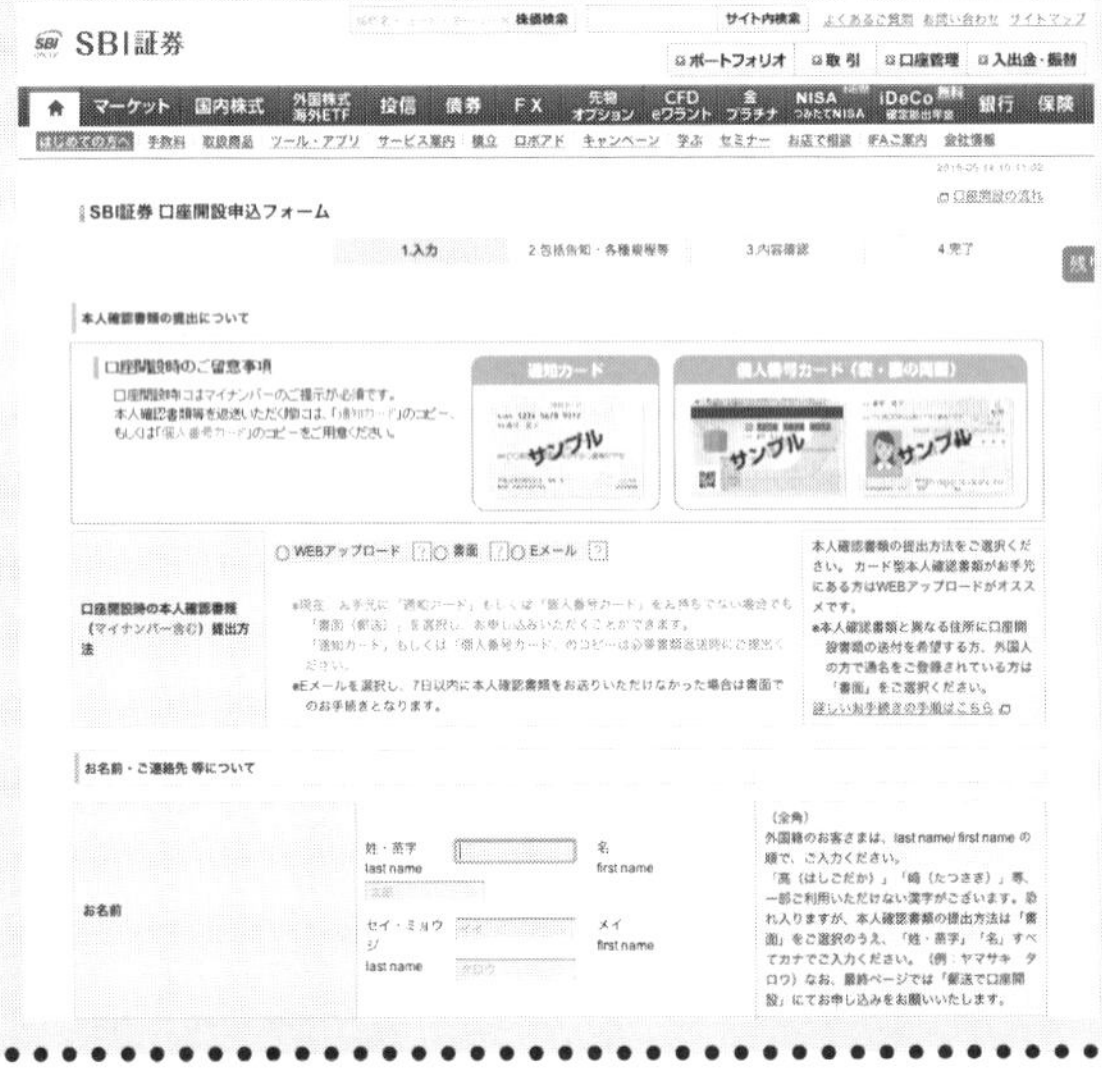

②資金50万円を準備して、自分の口座に振り込みます

SBI証券の場合、株式取引の口座を開く時、同時に『住信SBIネット銀行』の口座を開いておくと、SBIハイブリッド預金（預り金自動スイープサービス）を使えば自動でお金を移してくれます。

普通預金の金利のほうも、メガバンクよりはちょいと高めでお得です。

なお、税金については、基本的に特定口座にして源泉徴収ありにするのが便利だと思います。

初心者ほど、信用取引口座が必要だよ

ネット口座を開く時には、信用取引口座も一緒に開いてください。

ちなみに信用取引には、「一般信用取引」と「制度信用取引」があります。制度信用取引では、取引所が取引の対象となる銘柄を指定していて、借り入れた現金を返済する期限も取引所の規則で決められています。

信用取引口座の開き方は、次の解説を参照してください。

信用取引口座の開き方

証券会社に現物口座ができたら、ログイン後に信用取引口座の申し込みをします。

画面の表示通りに進めばＯＫです。

「金融業に従事していない」「充分な金融資産や証券知識があること」「株式の投資経験があること」等の審査に通れば、口座開設できます。

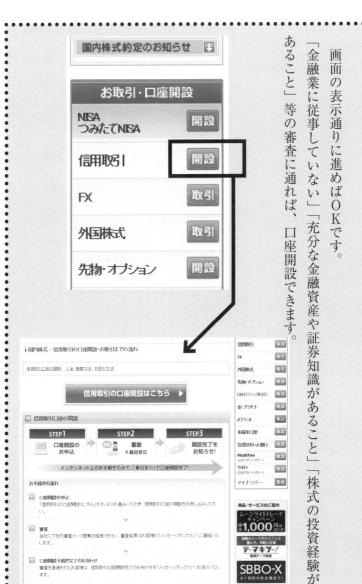

ネット証券の口座は複数持っておこう

さて、ネット証券の口座を開く時に迷うのが、

「どの証券会社が良いのかな？」

ということですが、藤本の答えはひとつです。それは

気になる証券会社の口座を、全部作ってみる。


口座を開くのは無料で、維持費もかかりません。

各証券会社の特色に応じて、1日あたりの売買手数料が安いところは短期取引に、信用取引手数料が安いところは中期に、取り扱い銘柄が多いところは長期に、あるいはNISA……と、**目的別に使い勝手が良いところを使っていく**のがよいと思います。

たくさん口座を作るメリットは、ネット証券会社が口座開設者に提供している情報です。中には、通常は有料の情報を提供している会社もあります。

ですから口座を開く手間はかかりますが、有益な情報を得るためとがんばってください。

そして、口座を開いたらまずは情報をいろいろ使ってみて、自分の使いやすいツールを探しましょう。

また、証券会社によって、取引の手数料が異なります。通常の売買手数料は、デイトレードほどは気にしなくてもよいのですが、**信用取引の手数料は差がありますから**、取引前にチェックしておくと良いでしょう。

もうひとつチェックしておきたいのが、取り扱っている銘柄の数です。特に、「札幌アンビシャス」市場の銘柄を取引しているネット証券会社は限られています。

6章でご紹介する、新規公開株の応募の時も、どの証券会社の口座かが鍵になります。というのも、新規公開の際には取引を行う証券会社（幹事会社）が限られているので、その証券会社の口座を持っていないと購入できないからです。

複数の口座を開く場合も、基本的には特定口座にしておけば良いでしょう。

スマホにアプリを入れておこう

証券会社のネット口座を開いたら、スマホにアプリをダウンロードして、ログインしてみましょう。そして、取引をすぐに始められるよう、使い方を研究しておきましょう。

スマホアプリには、自分がチェックしたい銘柄を一覧にしたり、株価のアラート設定が簡単にできたりと、便利な機能がたくさん入っています。

いつでも株価をチェックできますし、チャート関連も簡単に見られます。

ちなみに、株式投資用にスマホを新調するのであれば、画面は大きい方が断然良いですよ。余裕があるなら、タブレット端末を新調するというのもアリですよね。

スマホからのアクセスの速さは、取引には特には影響しません。回線が切れなければ大丈夫だと考えて良いでしょう。

また、証券会社からのメールを受け取れるように、迷惑メール設定から証券会社のドメインを外しておきましょう。約定メールやアラートメールの着信音を、他のメールとは別に設定しておくのも便利ですね。

SBI証券

松井証券

マネックス証券

カブドットコム証券

パソコンにはネットとエクセルがあればOK

「スマホがあるから、家にはパソコンはないよ」

という人も多いですが、パソコンは情報を一覧できて、戦略を練るにはやはり便利です。

それに、証券会社のサービスの中には、スマホでは使えない機能やスマホ用には出していない情報もあるんです。IPOや立会外分売などもたいていPC用サイトだけです。

ですから、**トレードはスマホが主であっても、戦略を練る際にはネットに接続しているパソコンもある方が良い**と思います。

また、エクセルなどの表計算アプリを使うためにも、パソコンは必要です。

あとで説明しますが、自分の投資の記録をつけておく表「運用チェックシート」を必ず作ってほしいからです。

かつては私も自著の付録に、コピーして手書きして使える「運用チェックシート」をつけていましたが、今はエクセルでオススメしています。

エクセルは、計算できるだけじゃありません。検索の機能があるので、投資歴が長くなってきた時に過去の銘柄の分析に使えて、とても便利なのです。

どうしてもエクセルはイヤ、という人は「運用チェックシート」の雛形をコピーして使ったり、ノートに自分で線を引いて書いてもかまいません。

ですが、エクセルを使えないくらい頭がカタい人は、株式投資にはあまり向いていないかも……。なんて、藤本は思います。

念のため付け加えておくと、**会社のパソコンを取引に使うのはやめましょう**。

業務以外に使うのはもってのほか、個人情報が漏れる、という理由の他に、同じパソコンで取引ができると、仕事に集中できなくなってしまうというデメリットがあるからです。

この本が「週に55分」と時間を明確にしているのも、日中は仕事をしている「普通の勤め人」でも、業務に支障なく株で儲けを出せることをお伝えしたいため。

会社のパソコンをズルして使わなくても、ちゃんと儲けられます！　安心してください。

そうそう、ネット配信のニュースはタブレットでね

さて、資金と取引口座、取引ツールを用意したら、次は情報源です。

今どき、たいていのニュースはネットで無料で読めますが、『日本経済新聞』は、ちゃんと紙またはタブレット配信（ページをめくれるタイプの配信）のものを買って読んでほしいんですよね。

ちなみに、以前は
「日経は紙で読もう」

と言っていたんですが、最近は
「日経はタブレットで読もう」

と言うようになりました。

通勤電車の中では新聞紙を工夫してたたんで読むよりもタブレット端末を指でペラペラ

めくって読む方が断然、便利ですし、記事のスクラップを作るにも便利なアプリが出ていて、タブレットだけで完結できるようになりましたから。

「日経新聞は、買って読んで」

という理由は、本来、情報というものはタダじゃないからです。だから、お金を出して買う情報には、タダの情報よりももっと有益な情報が詰まっています。

日本経済新聞
紙面ビューワー

その筆頭が、「記事の位置」と「見出しの大きさ」。

アナログ的なソースでなければ、決してわからないタイプの情報です。

アナログな情報の価値がわからない？

では、試しになんでも良いので、紙の新聞を見てみてください。パッと見た時、どこに目が向きますか？

いわゆる「トップニュース」といわれる、新聞の1面一番上の、見出しが一番大きい記事ですよね。

要するに、**「記事の位置」と「見出しの大きさ」というのは、マーケットの関係者に与える影響の大きさとイコール**なんです。影響が大きいというのは、つまり、値動きに直結しているということです。

ところが、ネットのニュースでは見出しは、全て同じレイアウト同じ大きさ同じ文字数内だし、情報がどんどん流れていくので、何がトップニュースだかもわかりません。

重要なのはトップ記事だけではありません。

各面のトップ記事や、連載企画などにも注目して読んでいくと、自分だけの投資テーマを見つけるヒントにもなります。

この辺りは後で詳しくお話ししていくので、まずは「日経新聞はアナログが大事」ということをしっかり覚えておいてください。


もちろん、ネットのニュースにだって、利点はあります。

一番の利点は、検索性。口座を開いたネット証券のニュース記事のデータベースが使えるなら、フル活用しましょう。


その他にマネー誌などを参照するのも良いでしょう。

その時は、媒体の特性を考えた上で、投資テーマに合う銘柄を見つける時に使うと、非常に参考になります。例えば、5章でお話しする「株主優待」の銘柄探しをしたい場合などです。

フェイスブックやツイッターなどSNSを活用しよう

パソコンやスマホの環境を整えたら、最後にもうひとつしておいてほしいのが、Twitter や Facebook のアカウントを持つことです。

これは、**経営者や有名個人投資家、マーケット関係者などのアカウントをフォロー**するためです。チェックすべきポイントなどは8章で詳しくお話ししますが、まずは持っていなければアカウントを作り、定点観測の準備をしておきましょう。

最近は Instagram が流行して、積極的に発信している経営者もたくさんいますが、どちらかというと一般消費者向け。株式投資の材料にはなりにくいと思います。株式投資という点で見ると、Twitter と Facebook からの情報量の方が圧倒的に多い状況です。

ちなみに、相場の福の神・藤本も Twitter と Facebook で、さまざまな情報を発信しています。フォローすると、相場の福が授かるかもしれませんよ！

Twitter　@soubafukunokami

Facebook　藤本 誠之

第3章
福の神式 半歩先読みの思考術はコレ

何より株、しかもスイングトレードがオススメな理由

さて、この章では私・相場の福の神式の投資思考術を説明します。思考術とはつまり、儲けるための考え方ということ。そこで、そもそもなぜ私が、株式投資のスイングトレードをオススメするのか、という話もしておきましょうか。

個人で投資して1億円以上稼ぐ「億《おく》り人《びと》」になれる投資法として、すぐに思いつくのは、かつては株式投資、その後はFX、今なら仮想通貨でしょうか。

でも、株式投資は、FXや仮想通貨とは決定的に異なる投資法なんです。

なぜなら、FXや仮想通貨は、絶対に、全員が儲かるわけではないんです。儲かる要因が交換レートだけなので、**誰かが儲かれば誰かが損をしている**ことになるからです。つまり、初心者の個人投資家が1億円儲けるまで、ずっと儲け続けるのは難しいのです。

仮想通貨は一時、どの通貨も全部上がっていましたが、それは、仮想通貨の価値が上がる代わりに、現金の価値が下がっているということです。

しかし、株式投資の場合は、時価総額20兆円の銘柄から10億円の銘柄まで、規模はいろいろ。業種もありとあらゆる業種があります。市場にある銘柄は、どれも内容が全く違うものなのです。

ですから、**全ての株が例外なく上がったり、下がったりすることはありません**。

もちろん、日本の株式市場全体が上がれば、ざっくりとほとんどの株が値上がりすることはありますが、その場合でも、恩恵を受ける銘柄とほとんど受けない銘柄があります。

もちろん、一斉に値を下げる場合も、あまり影響を受けない銘柄があります。

そんなわけで、適宜銘柄を入れ替えていけば、初心者でも常に儲け続けることが理論上可能なのです。

また、投資の世界は、アマチュアの個人投資家とプロの投資家が同じ土俵で戦う場所でもあります。仕事で投資をしているプロと戦うのは、どんなに凄腕とはいえ、アマチュアには荷が重い。

それが普通なのですが、株式投資の場合は少し違う。

プロとアマが同じ土俵で戦わなくても良いんですね。

現在、東証一部の売買高の8割は、機関投資家と外国人投資家による資金で占められています。このひとたちは、プロ中のプロですから、資金ベースで考えるとアマは非常に不利に見えます。

ところが、銘柄別で考えると、個人投資家が7割以上を占める銘柄があるんです。

それが、新興市場に上場している新興株。

新興株については、後で詳しくお話ししますが、**勝負する相手はほとんどが同じ個人投資家なので、ちょっと勉強すればすぐに勝てるようになります**。

ですから福の神としては、株式投資をオススメするんです。

55

株は練習が重要・そのためにもスイングトレードがおススメ

主に新興株に投資する株式投資なら、初心者でも比較的戦いやすい土俵であることはご理解いただけたかと思います。

さて、株にもいろいろありますが

「いやいや、投資初心者なら投資信託がカンタンでオススメ！」

という人もいます。

投資信託は、「プロの投資家」が資金を集めて運用するもの。テーマを決めて複数の銘柄を買って運用する「分散投資」なので、比較的リスクは抑えめです。が、プロに運用してもらうので、当然手数料がかなりかかり、そんなに大きくは儲けられないのです。

投資信託に関する考え方はいくつかありますが、私藤本は、**個人ではやりにくい株式投資については、投資信託を使えば良い**と考えています。

例えば「ナスダック」や「S＆P500」などの海外の指数への投資。これはアリです。

また、新興国への投資も、個人では情報を得るのも買うのも面倒。新興国をテーマにした商品を買うのもアリですよね。

こうした、**個人が個別株で買うには面倒そうだけど、自分は可能性を感じている市場で、指数に連動させるインデックス投信に投資できるのは、投資信託の魅力**だと思います。

でも、ファンドマネージャーの裁量で運用するアクティブ投信は、運用担当者が変わるかもしれないし、手数料も高いし、商品を選ぶには知識も求められるので、初心者向きではないように思います。

で、

「**投資信託と同じような分散投資を、プロがいない新興市場で、個人でやってしまおう**」

というのがこの本の投資法です。

かつてはデイトレや数日間単位で売買するスイングトレードは、株式投資の経験が長い人が行う手法でした。

しかし、私藤本は、株式投資の中でも、むしろ初心者向けの投資法だと考えています。

それはなぜか?

理由は、「練習できるから」です。

実戦体験の少ない初心者は、兎にも角にも、「銘柄を選んで買って値上がりしたら売って利益を出す」の繰り返しで、トレードに慣れることが必要です。

スポーツでも語学でも、月に一度長時間練習するより、毎日少しずつ練習する方が、結果が出やすいですよね。

株式投資も同じなんです。

そして、「福の神式　半歩先読み術」は、かつてのデイトレのような瞬発力勝負の投資法ではなく、思考法によるトレードです。

ですから、**日々着々と思考トレーニングを積むほど、「儲けられる頭」ができ上がっていく**のです。

もちろん、デイトレードで毎日練習すれば、効果は大アリです。

けれども、私もサラリーマンの経験が長いので、1週間単位のスイングトレードで練習する方が適した生活パターンの人も多数いることがわかるんです。

ですから、特に1週間の生活ペースが決まっている人は、まずこの本をもとにスイングトレードをやってみて、

「毎日トレードする方が向いているな」

と思ったら、大ヒットの前著『朝13分で、毎日1万円儲ける株』（明日香出版社）をぜひお読みください（笑）。


デイトレードは毎日朝、注文を出して、その日のうちに取引を終えます。短時間で儲けを出さなければならないので、資金を集中させる方が効率良く利益が出せます。

その代わり、デイトレードは取引を終えるまでは、相場の動きをある程度はチェックしておかなければなりません。

ずっとデスクに座っていなければならない人、仕事が忙しい時間と相場が開いている時間がカブっている人には、ちょっと向いていないのです（前著『朝13分〜』では、どうにかやりくりする方法をお教えしましたが）。

スイングトレードのメリットは、取引が週に1～2度なので、日中の相場のチェック頻度が少なくて済むことです。逆にいえば、取引の頻度が少ない分、保有のリスクが高まります。

そこで、リスクを分散するために、資金をひとつの銘柄に集中させずに分散させます。これがデイトレードとの最大の違いです。

なぜ週単位でのトレードで儲けを出せるのかといえば、新興市場には、夢が大きい「成長株」や、現在の評価が低過ぎる「割安株」が多いからです。

また、知名度が低い、時価総額が小さいなどの理由で、値動きにも時間がかかります。

福の神トレードでは、こうした新興銘柄の特色を利用して、値動きを先読みするのです。

1週間後の未来がわかる？　半歩先読みなら可能です！

それにしても、初心者にも「先読み」はできるの？　と思われた方。
それができちゃうんです。

なぜなら、「半歩先読み」は思考法だから。

仕組みさえわかれば、誰にでも使えてすぐに実行できます。

大切なのは、自分で選んだ銘柄の値が、本当に考えた通りに動くまで、**思考法を完璧に身につけること。**

狙い通りに動けば、それは上手に先読みできるようになった＝思考法が身についたという証拠。

狙い通りにならなければ、先読み術の使い方にまだ慣れていないということです。

また、

「たった半歩先だから、先読みできる」


という理由もあります。

今この本を読んでいる皆さん、明日のご自分は、何をしていると思いますか？　とりあえずは、朝起きてご飯食べて仕事行って……　と、いつも通りの生活を送っているだろうな、と思いますよね。

では、３日後は？

多分、いつも通りですよね。きっと、来週も。

人事異動でもなければ、来月もだいたい同じような感じかな、と思いますよね。

では、1年後は？　このあたりから、反応が2つに分かれそうです。
「来年も似たようなもんだろう」
「来年は子供が中学校に上がるし、転勤があるかも。仕事も生活も、だいぶ変わってるかもしれないなぁ」

だいたい1か月くらい先のことなら、前提条件が変わらない限り、つまりあなたの場合なら、転勤・転職する、家族の環境が変わるなどがない限り、パターン通りの未来になりそうです。

けれども、それより先になると、前提条件が変わる確率が高くなり、だんだんわからなくなってくる。

未来の予想ができるかどうかは、前提条件が変わるかどうかに関わっているわけです。
せいぜい1か月先という「半歩先」なら、前提条件が変わらないはず。
だからこそ、先読み術が可能なんですね。

私が初心者にスイングトレードを勧めるのも、1週間〜1か月程度なら、前提条件があまり変わらないからです。

前提条件やルール（市場の規制など）が一気に変わることもなくて、日をまたいで保有するオーバーナイトのリスクは少々あるものの、その分リターンも取れる！

それがスイングトレードのメリットです。

リスクはスイングトレードよりもデイトレードの方が低いのですが、日本株は一般にゆっくり上がって急に下げることが多いので、1日の値動きでは上げ幅よりも下げ幅の方が大きいのです。

ですから、**基本の「買って売る」トレードで儲けたいなら、数日間保有するスイングトレードの方が有利**です。

デイトレードで利益をとるなら、「買って売る」の他に「売って買う」という信用取引も使わなければ、利益は大きくなりません。

株価＝現実×夢の公式から解く

ところで、皆さんはなぜ株価が日々刻々と上がったり下がったりするのだと思いますか？

それは、限られた数のものを、たくさんの人がほしがれば値上がりし、いらないと思う人が増えれば値下がりするからです。

つまり、**「皆が買えば上がり、皆が売れば下がる」**。

これは、先読みする上で絶対に変わらない大前提なんです。すごく当たり前のことなのですが、この大前提が変わらない限り、先読みは可能だと言って構わないでしょう。

では、なぜ皆がほしがるのでしょうか？

それは、夢があって、その夢の実現を確信できるだけの現実もあるからです。

ゴルフクラブを買う時には、

「このクラブを買えば、スコアが良くなるに違いない！」

という夢があるはずです。で、なぜそんな夢を見るかというと、

「このクラブすごく良かったよ！」

と言う人がいたり、成績の良いプロが使っていたり、有名なブランドの商品だったりという、夢を裏づける現実があります。で、夢も現実も大きければ大きいほど、そのクラブをほしいと思う人が増えます。そしてめっちゃ売れるわけです。


投資家が株を買う心理も似たようなものです。

「この銘柄を買うとめっちゃ値上がりしそう！」

という夢があって、

「実績も良いし、アナリストも勧めてる」

などの現実（買う根拠）がある。そうすると買われるわけです。

で、ゴルフクラブなら売れれば売れるほど良くて、価格は同じで売上数が増え、メーカーが儲かります。

でも株は発行数が決まっているので、奪い合いになる。すると値が上がるというわけ。

半歩先読みができるのは、株価は投資家の夢と企業の現実でできている、すなわち「株価＝夢×現実」という公式を知っているからこそなんです。

PER＝夢　夢が膨らむ銘柄とは？

では、投資家の夢が膨らむのはどういう時でしょうか？
それは、**夢が膨らむような情報**が出た時です。
株価が上がる時を考えれば、投資家の夢とはどのようなものかわかります。

・業績が良かった時
・大ヒット商品が出た時
・画期的な発見や発明をした時
・その会社の事業が伸びそうな国策が決まった時
・復配*や増配をした時

などなど。

※これまで配当金を支払っていなかった会社が配当を復活すること

では、こうした情報を、投資家はどのようにキャッチするのでしょうか？

最もメジャーな情報源が、『日本経済新聞』です。だから、ベースキャンプ作りで、日経新聞が必要だったんです。

投資家は皆、日経新聞の記事を見て、夢を見ます。皆がどんな夢を見るかを知らなければ、夢が膨らむ銘柄を探すことはできません。


では、では、他の投資家がどれくらい期待しているのか、知る方法はあるのでしょうか？

株価がどれだけ伸びるのかを知るには、夢×現実の公式の数字を知ることが重要ですものね。

実をいうと、**夢の大きさを計る数字**もあるんです。それが、**PER（株価収益率）**です。

株価を調べられるアプリやサイトには、銘柄の基本情報として載っているので、誰にでもすぐに調べることができます。

株価収益率とは、**会社の利益に対して株価がどれだけ割高か**を示す数字です。

現実的には正直そこまでの利益は出していないけれど、いずれは追いついてくれるんじゃないかという期待感を示すから、割高になっているわけです。

EPS＝現実　現実の把握の仕方

一方、先読みをするにあたって、どうやって現実を把握すれば良いのでしょう？

そうです、**現実を計る数字**もあるんです。**EPS（1株あたり利益）**です。

現実とは、「この会社は今、どれだけ利益を出しているか」ということ。ですから決算で出される利益をもとに算出されます。この数字も銘柄の基本情報として載っています。

EPSをチェックしてわかることは、実力テストの結果のようなものです。

つまり、「うちの子は東大に行けるかも」という夢があって、「やる気になるとすごい集中力を発揮する」「良い塾に通っている」など、夢を裏づけるような事実があるとします。

でも、夢から割り出した期待値（PER）だけでなく、今の実力という現実も見なければ、合格する確率はわからない。全国レベルで実力を測るテストの点数がEPSなんです。

先月の実力テストで東大に合格圏の偏差値を出した子が、今月の実力テストでもなかなか良い手応えがあったとしたら、偏差値が発表される前でも、東大合格の期待が高まりますよね？「良い手応え」のようなポジティブな情報を、投資では**好材料**といいます。

皆さんにも、なんとなくわかってきたかと思います。

好材料（ニュース）によって夢がどの程度膨らむか（株価が上がるかどうか）をあらかじめ予想することが、先読み術なのです。

6章や8章では会社の成長性を見込んで投資しますが、ここでもPERとEPSをチェックしてくださいね。

そして、夢が膨らむパターンはある程度、決まっています。

さらにありがたいことに、そのパターンは大体、過去に出尽くしちゃっています。株式市場では、「歴史は繰り返す」のです。

過去の出来事を知っていれば、前提が変わっていない限り、最新のニュースによって何が起こるか予想できるし、人間の行動パターンなんてそんなに変わらないから、大体過去と同じようになる。

過去の出来事で夢の膨らみ方を予想する。これが、先読み術の極意なのです。

過去から学ぶ、「福の神式　運用チェックシート」

先読み術は、過去の出来事を元に夢の大きさを測る方法です。そこで、過去の情報を簡単に紐解けるようにしておくことが重要です。

もちろん、新聞の検索、過去のチャートの検索も使います。

でもそれだけでなく、自分自身の取引を記録しておくことにより、「私はこの銘柄については、良く知っている！」

という得意な銘柄がいくつもできるのです。

そこで使ってほしいのが、「運用チェックシート」です。

サンプルを掲載するので、エクセルなどのアプリで、表を作り、ご自身の取引を記録していってください。この経験値が、将来の教科書になります。

運用チェックシートに必ず記録してほしいのは、次の項目です。

①買った理由
②取引価格
③損切りポイントの価格
④手じまいの金額
⑤手じまいの理由

①と⑤はセットです。①は銘柄を買った時に、⑤は売った時に記録しましょう。買った理由は、その銘柄に好材料が出た時にどんな値動きをしたか調べる際に、役立ちます。またどんな時に好材料の効果が終わるのかもわかります。

②と④はいくらで買い、いくらで売ったかという、値動きの記録です。好材料によってどれだけ上がるかという予測を立てる材料にもなります。

③は、損をしないためのルール作りに必要です。損切りについては本章の最後に詳しくご説明します。

まずは、株式を買った時には、①、②、③を書き、その銘柄を売却した時に④、⑤を書くのです。

これからの投資であなたが積み重ねる練習は、この運用チェックシートの記録として残され、利益と共にあなたの財産となります。

日付	コード	銘柄名	買う・売る理由	投資期間	約定結果		現物・信用	投資金額	損切りメド		結果			手じまい金額	手じまい理由	備考	利益・損失
					株数	株価			金額	理由	日付	株数	株価				
2018.4.2	2593	伊藤園	今年も暑くなりそうだから。4/24優待権利確定前に	4/23まで	200	4195円	信用	839,000円	3776円	10%ルールから	4.5	100	4380円◎	438,000円	ひとまず利益確定		18,500円◎
											2018.4.19	100	4390円◎	439,000円	権利確定前だから		19,500円◎
														877,000円			38,000円

取引した日とコード・銘柄を書きます

取引の内容が買いか売りか、またその取引をした理由を書きます

いつまでその銘柄を運用するのか、その期間と投資を終了する（=決済する）期限日を書きます

取引した株数と、取得あるいは売却の単価を書きます

現物取引か、信用取引かを書きます

日付	コード	銘柄名	買う・売る理由	投資期間	約定結果		現物・信用
					株数	株価	
2018.4.2	2593	伊藤園	今年も暑くなりそうだから。4/24優待権利確定前を狙って	4/23まで	200	4195円	信用

トータルの投資金額を書きます。投資金額 ÷ 株数が平均単価となります

損切りのメドとなる金額と、金額以外の理由を書きます

いつ、どれだけの数を、いくらで取引して、投資を終えた（手じまいした）のかを書きます

手じまいした理由を書きます

自分自身の感想や、市場の様子、投資期間中の想定外のニュースなど、自由にメモしておきましょう

投資金額	損切りメド		結果			手じまい金額	手じまい理由	備考	利益・損失
	金額	理由	日付	株数	株価				
839,000円	3776円	10%ルールから	4.5	100	4380円	438,000円	ひとまず利益確定		18,500円 ◎

前提がどうなっているか悩んだら、チャートで判断

そうはいっても、相場はナマモノです。つい先ほども、「前提が変わっていない限り」過去と同じようになると書きました。

では、前提が変わったかどうかをチェックできる方法はあるのか？

あります。それが、**チャートを見ること**です。

スイングトレードでは、「テクニカル分析」といって、簡単にチャートをチェックすることが必要です。

といっても、眉間にしわを寄せて覚えなくても、ざっと基本だけを知っておけば十分です。「こういうものがある」と知っていれば、必要な時に本書を見返せば良いのですから。

本書で必要な、基本的なチャートの見方と用語をまとめておきました。

【ローソク足はスグレモノのチャート】

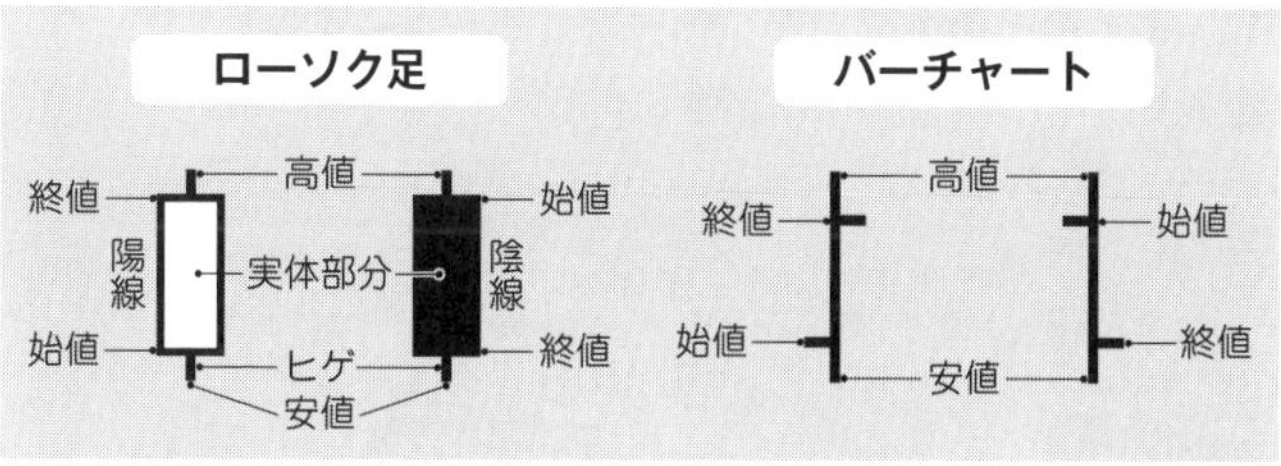

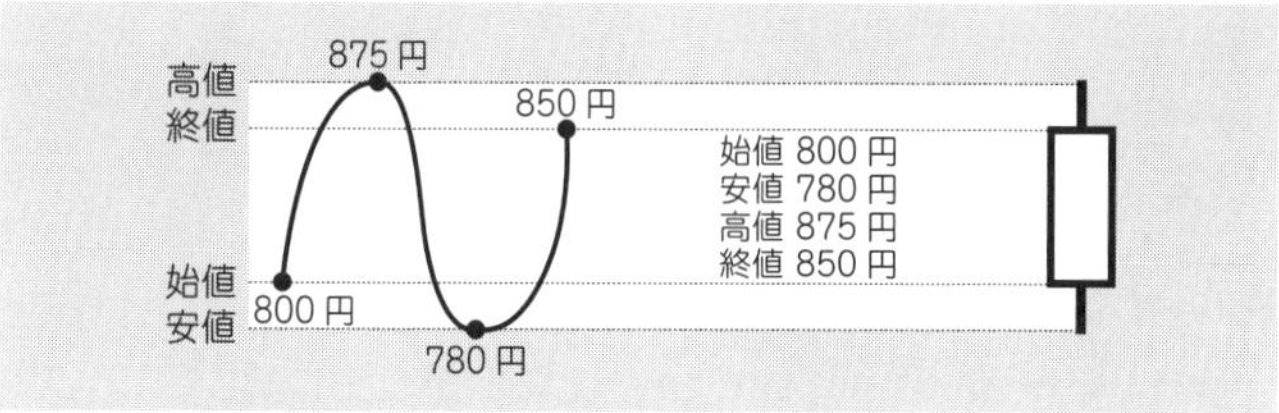

ローソク足では、まずは上げたのか下げたのかを、色でチェック。次に上下に伸びるヒゲの長さで、安値と高値の位置をチェックして、どの程度の値動きを示したのかを見よう。
右肩上がりで陽線が続いているようなら、上昇トレンドにあり、右肩が下がっていて陰線が続いているようなら、低迷もしくは下降トレンドにあると、ざっくり判断できる。

【ローソク足の９つの基本形】

基本的な９つの形のうち、特に要注意は、低値圏で“下影陽線”が現れた時。下降トレンドから上昇トレンドへの転換点になる時にしばしば現れるので、これを買いのチャンスととらえる人も多い。

⇗上昇サイン　⬊下降サイン　⇨➡横ばいサイン

① 大陽線 ⇗

実体が長く、ヒゲが短い陽線は、その後、上昇する可能性が高い。

② 大陰線 ⬊

実体が長く、ヒゲが短い陰線は下降トレンドのサイン。

③ 小陽線 ⇗

実体もヒゲも短い陽線は、上昇過程での保ち合い中かも。

④ 小陰線 ⇗ or ⬊

実体もひげも短い陰線。保ち合い中の可能性が強く、続けて現れると相場の分岐点になるかも。

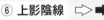

⑤ 上影陽線 ⇨➡

実体に比べて上のヒゲが極端に長い陽線は、勢いが衰えているかも？　横ばいのサイン。

⑥ 上影陰線 ⇨➡

実体に比べて上ヒゲが極端に長い陰線も、横ばいのサイン。

⑦ 下影陽線 ⇗ or ⬊

実体に比べて下ヒゲが極端に長い陽線は、高値圏にあれば天井、安値圏では底入れの可能性大。

⑧ 下影陰線 ⇗ or ⬊

実体に比べて下ヒゲが極端に長い陰線も、高値圏にあれば天井、安値圏では底入れの可能性大。

⑨ 十字足（寄引同時線） ⇗ or ⬊

始値と終値が同じ時に現れるので、寄引同時線ともいう。買いと売りが拮抗していることを示すので、相場が転換する可能性あり。

【トレンドライン】

上昇トレンド・支持線

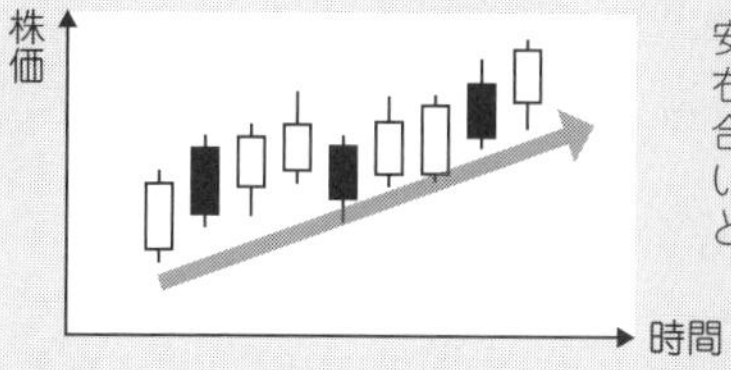

安値同士を直線で結んだ時、右肩上がりになっている場合。株価がそこから下落しないので、下値支持線（支持線）ともいわれる。

下降トレンド・抵抗線

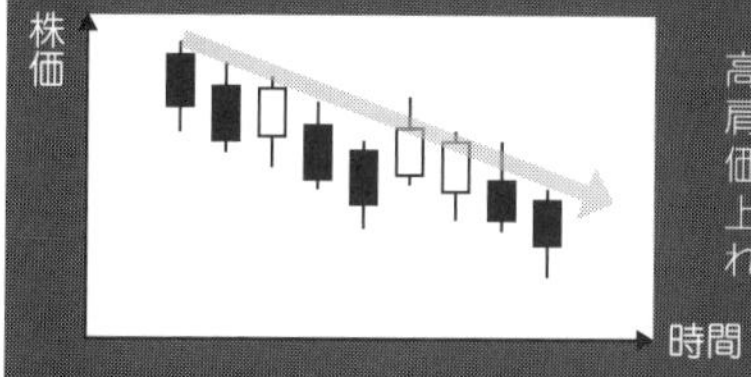

高値同士を直線で結んだ時、右肩下がりになっている場合。株価がそこから上昇しないので、上値抵抗線（抵抗線）ともいわれる。

横ばいトレンド

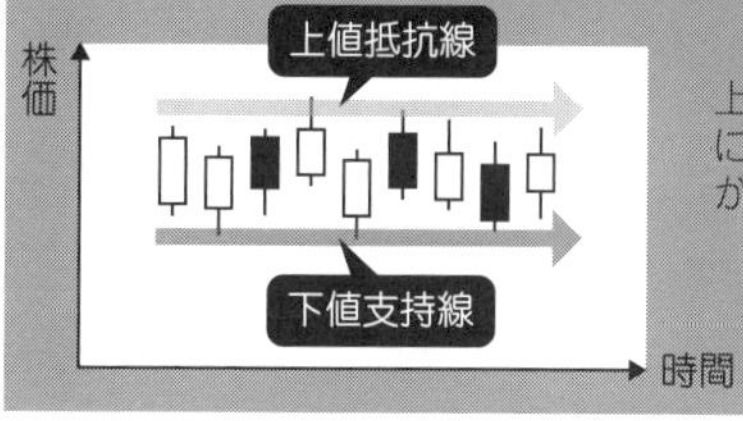

上昇トレンドにも下降トレンドにもならない保ち合いの状態が、横ばいトレンド。

さて、前提条件のチェックの方法ですが、「良い具合に上がった」のは、「上がりやすい状況にあったので、好材料が効いた」ともいえるのです。状況があまり良くないと、好材料があっても上がらないことも多いものです。

で、**上がりやすい状況を見きわめるものが、「移動平均線」**です。

銘柄の株価をアプリやサイトでチェックする際、「日足」「週足」「月足」などチャートの種類が選べ、数種類の「移動平均線」が表示できるはずです。

スイングトレードで主に使うのは、下のような、1日の動きが1本の「ローソク」で表示される、日足のチャートです。チャートによりますが3〜6か月が俯瞰できます。

日足チャート例（2497　ユナイテッド）

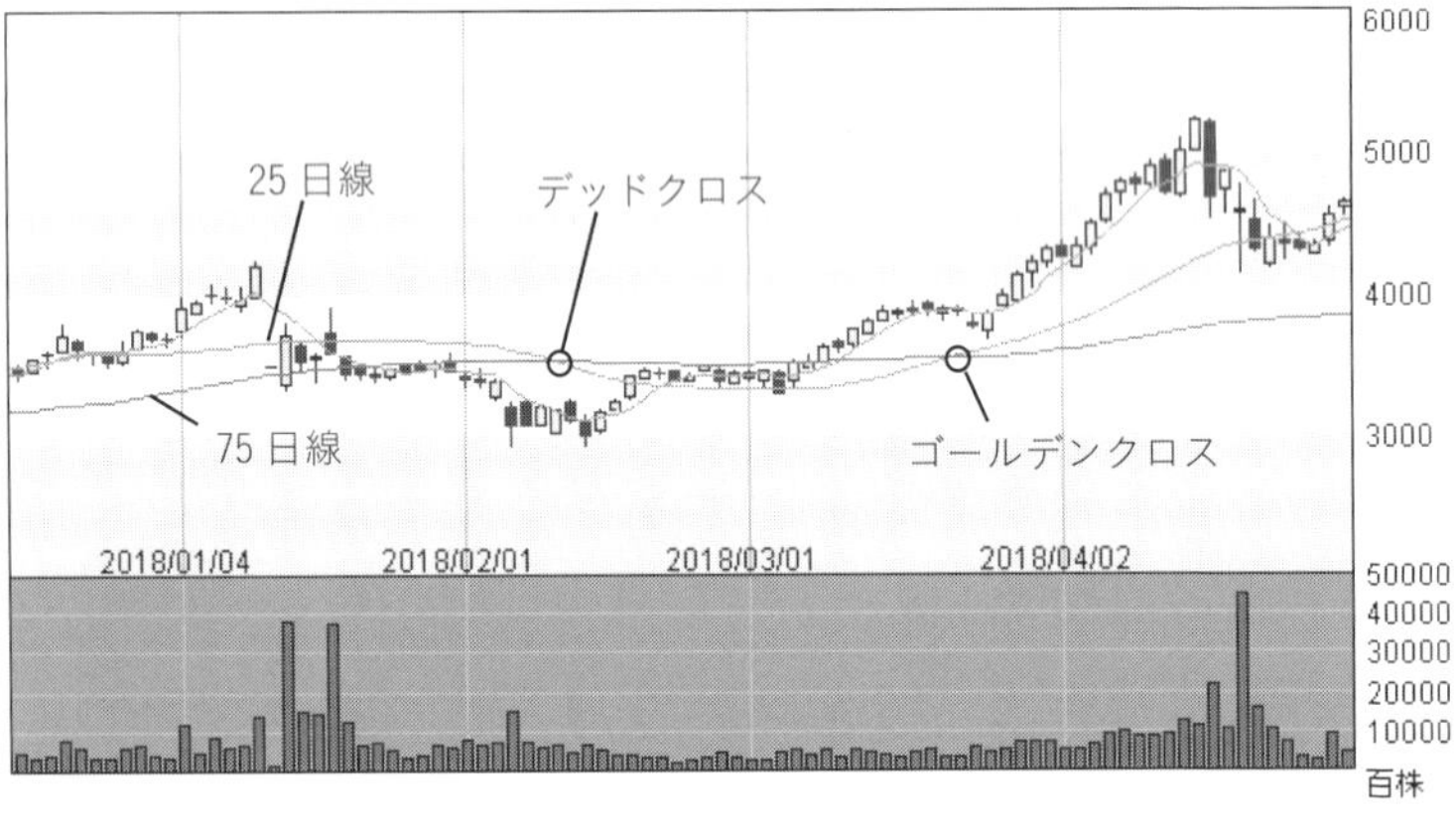

この日足チャートでは、25日移動平均線（短期移動平均線）を表示しましょう。

この時、「**ゴールデンクロス**」と呼ばれるサインが出ていると、「上がりやすい状況」だとわかります。

ゴールデンクロスとは、短期の25日移動平均線がより長期の75日移動平均線を下から上に交差して上がっている状態です。一般に「買いのサイン」と言われています。

他の投資家も当然、このサインをチェックしていますから、このサインが出ている時に好材料が出れば、皆、先を争ってこの銘柄を買うことでしょう。

上がるサインがあれば、下がるサインもあります。

それが「**デッドクロス**」で、ゴールデンクロスとは逆に25日移動平均線が75日移動平均線を突き抜けて下がってい

【ゴールデンクロス・デッドクロス】

ゴールデンクロス

短期線が長期線を、下から上に突き抜けること。この交差したポイントが、株価上昇のシグナルとなる。

デッドクロス

短期線が長期線を、上から下に突き抜けることで、この交差したポイントを転換点に、株価下落となるとみられる。

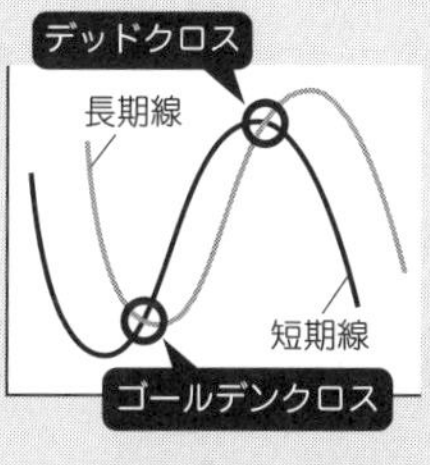

る状態です。デッドクロスが出ていると、好材料が出ても思ったようには上がらないかもしれません。

その他に、チャート分析に使えるサインをご紹介します。

頭に入れておくと、チャートの読み方がスムースになります。

【ダマシ】

ダマシ

ゴールデンクロスがあったものの、長期線の右肩下がりが続き上がる気配がない場合は、シグナルの通りに株価が動かない可能性が高い。

【上昇三角形型】

保ち合い放たれ

横ばいが続く保ち合いの状態を抜けて上昇トレンドに転換するタイミングは、大きく上昇する買いのチャンスといわれる。

上昇三角形型

保ち合い放たれの一番わかりやすいパターン。上値抵抗線に抑えられながらも、下値支持線がじりじりと右肩上がりになってきて、ついに上値抵抗線を下から上に突き抜ける形をいう。

Ⓐ 上値抵抗線は水平に引かれる
Ⓑ 下値支持線は右肩上がりに引かれる
Ⓒ 保ち合いの長さは、転換後のトレンドの長さに比例する。また、上放れ後は下値支持線の右肩上がりの角度よりも急角度で上昇していく

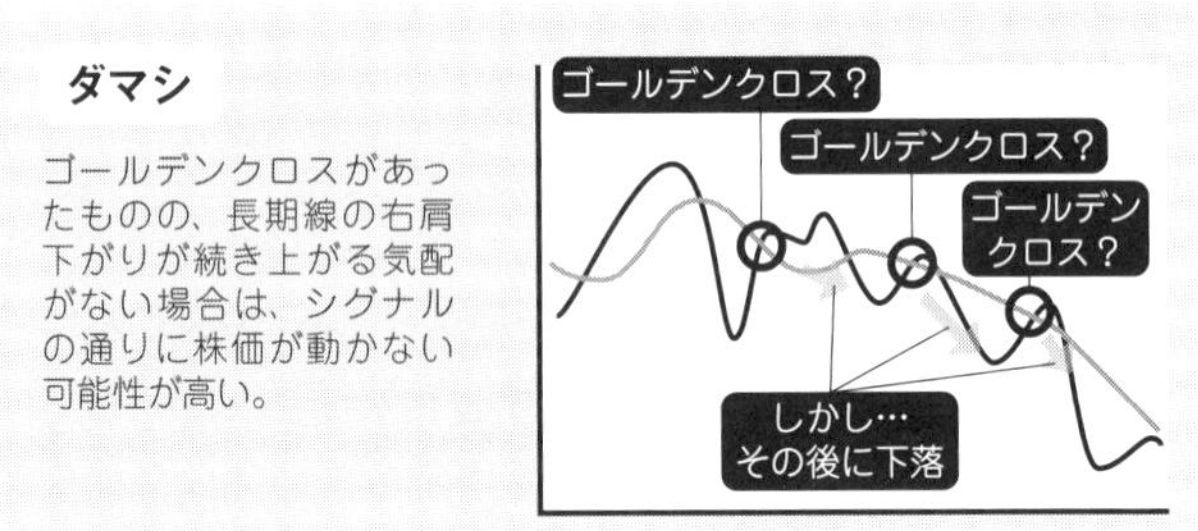

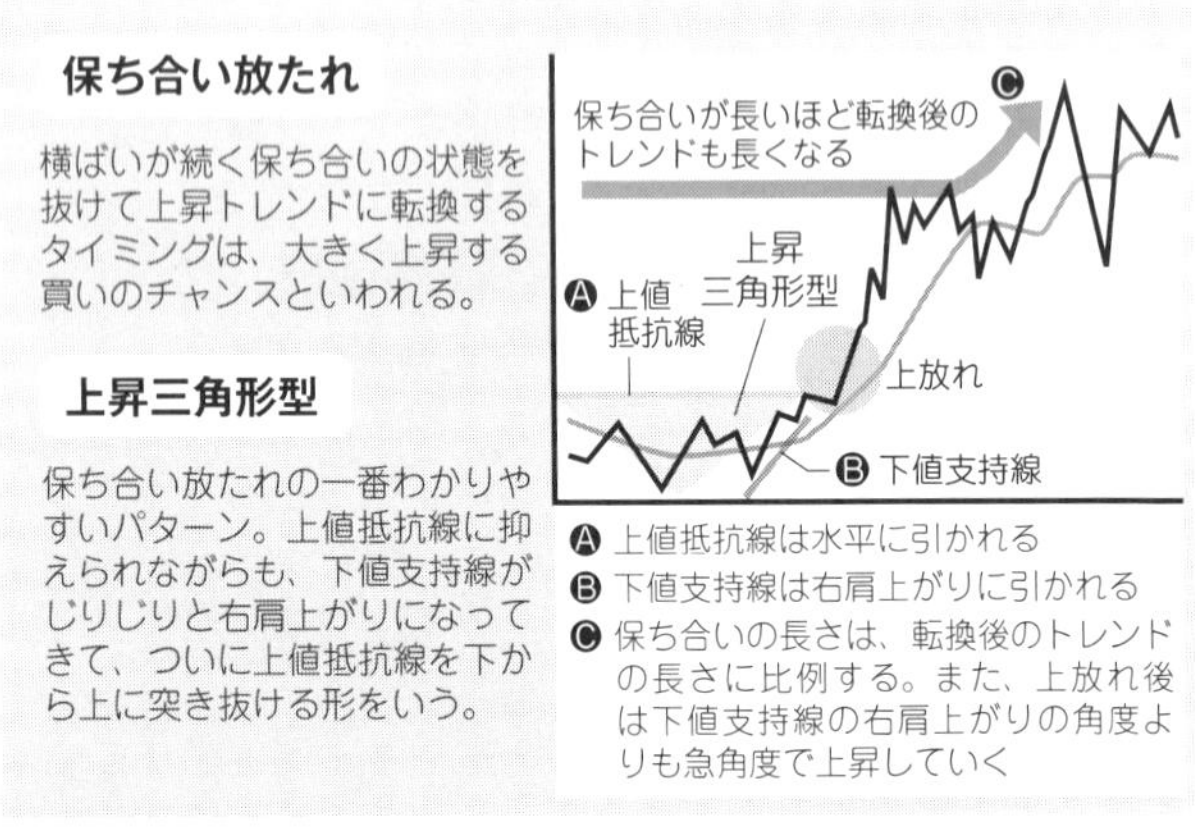

【グランビルの８法則】

グランビルの８法則とは、長期の移動平均線とローソク足の組み合わせで読み取る、売買のシグナルのこと。４つの買いシグナルと４つの売りシグナルからなる。

買いシグナル

①

トレンド転換の買いを示し、移動平均線が下落後、横ばいになるか上昇しつつある局面で、ローソク足が移動平均線を下から上にクロスする。

②

押し目買いを示し、移動平均線が上昇している局面で、ローソク足が移動平均線を上から下にクロスする。

③

押し目買いを示し、ローソク足が上昇する移動平均線の上にあって、移動平均線に向けて下落するもクロスせずに再び上昇する。

④

行き過ぎ修正の買いを示し、移動平均線が下落している局面で、ローソク足が移動平均線とかけ離れて大きく下落する。

売りシグナル

①

トレンド転換の売りを示し、移動平均線が上昇後、横ばいになるか下落しつつある局面で、ローソク足が移動平均線を上から下にクロスする。

②
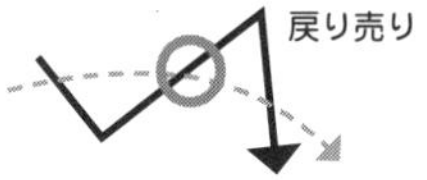

戻り売りを示し、移動平均線が下落している局面で、ローソク足が移動平均線を下から上にクロスする。

③
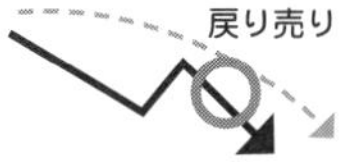

戻り売りを示し、ローソク足が下落する移動平均線の下にあり、移動平均線に向けて上昇するもクロスせずに再び下落する。

④

行き過ぎ修正の売りを示し、移動平均線が上昇している局面で、ローソク足が移動平均線とかけ離れて大きく上昇する。

塩漬け株＝貧乏神。持たない、作らない。基本は損切り

本章の締めくくりとして、先読み術で勝ち続ける秘訣をお教えしましょう。それは、

「**塩漬け株を作らない**」

という一言に尽きます。

株で儲からない原因は、主に**「情報が悪い」「判断が悪い」「損切りが下手」**の3つ。

情報や判断については、次章以降で詳しくお話ししますが、損切りが下手だと、いくら情報が良くて判断が的確でも、結局は儲かりません。

そこでここでは、儲かるための損切りの考え方についてお話しします。

これは、福の神式のスイングトレード以外にも応用できる（もしかしたら、人生のさまざまなシーンで応用できる⁉）ので、ぜひ、身につけてください。

ところで、皆さんはトレードでの勝ちとは、どういうことだと考えていますか？
実はこれ、株式投資の本質に関わる重要な問題なんです。そして、2章でちょっと触れた「ちょっとした計算をこまめにしよう」という話とも深い関係があります。

例えば、「ある銘柄を株価1000円の時に買いました。買った直後に980円に値下がりしましたが、翌日には上がったり下がったりしながら、終値では1050円に上がりました。さらにその次の日には一時的に1120円にまで上がりましたが、最終的な終値は1045円になりました」という時。
どの時点で売るかによって、勝ち負けは大きく変わりますね。

あるいは、「ある月に、毎週月曜にひとつの銘柄を買い、その週のうちに売って、合計4回のトレードを行ったとします。1週目は3万円のプラスが出ました。2週目は下がってしまったので、早めに損切りをして2万円のマイナスになりました。3週目には7万円のプラス、4週目には1万円のプラスになりました。」

こういう場合、2週目のトレードだけを見ると負けですが、1か月のトレード全体を見ると9万円のプラスです。

株価は常に変わりますし、トレードも1回の売買で終わりではありません。ですから、最終的に株式投資をやめる時まで、勝負の結果はわかりません。

ですから、**たまに損をする日があっても、相対的に儲けた金額の方が大きい状態が続けば、問題はない**といえます。

常に勝ち続けるのは、プロ野球のAクラスのチームでも難しいこと。ですから、アマチュアの投資家は当然、毎回勝ち続けなくたって良いんです。大事なのは、儲けを出すことです。

では、相対的に儲けた金額が大きい状態にするにはどうすれば良いのか。

それには、損を最低限にまで減らす必要があります。

だからこそ、損切りが上手でなければならないのです。

損切りとは、**さっさと負けを認めて、傷が浅いうちにその回の勝負から降りてしまうこ**とです。

怪我をした時、傷が浅ければ回復も早いけれど、傷が深いほど回復に時間がかかります。投資での傷＝損も怪我と全く同じです。

野球でも、その日はあまり調子が良くなくて、打たれてばかりいる投手をずっと使い続ける監督はいません。早めに見切りをつけて、調子の良い中継ぎの選手に代えてしまうでしょう。そうして早いうちにリカバリーを図るはずです。

早いうちに違う勝負に出た方が良いのです。

運用チェックシートで、損切りポイントの価格を書く欄があったことを覚えてますか？

福の神式では、買った時にこれを記入してもらいます。

これこそ、傷が浅いうちに見切りをつける秘策なんです。

というのも、人間とは損を受け入れるのが苦手な生き物で、見て見ぬふりをしようとするからです。

自分で損切りのポイントを決めてそのルールに絶対に従うと決めておかないと、損を受

け入れられずに、「いつかは復活するかも」と淡い期待を抱いたまま、ずるずると値下がりした株を持ち続けてしまいます。

確かに、復活する可能性はゼロではありません。

でも、日本の株式相場では多くの場合、値下がりは一瞬で上がる時は超ゆっくり。元の株価に戻るまでの期間中ずっと、限られた資金を塩漬け株を持ち続けることに使うのは、ナンセンスです。

損切りのタイミングは？

では、スイングトレードの場合、どのくらい株価が下がったら損切りするのが良いのでしょうか？

ザラ場*には、株価が上がったり下がったりします。買った値段より随分下がる瞬間もありますが、すぐに押し戻すこともあります。

ですから、3～4日程度は持ち続けて様子を見るつもりで買っているので、場中の多少

* 寄付＝開場時間から、引け＝閉場時間までの取引時間のこと

のブレは仕方ないと心得ましょう。

終値で寄付から1割ほど下げていると、翌日売り気配スタートのリスクが高まりますから、買値の5％前後減や、デッドクロスになる価格を損切りポイントに設定しておき、終値で損切りポイントを割ってしまったら、翌日の寄付で売り注文を出すと良いのではないかと思います。

心の準備をするために、株を買ったら**買い価格の1割減の価格にアラートメールを設定することをオススメ**します。

売るかどうかは終値次第。

終値まで待っていられないという人は、急落のリスクに備えて**10％減になったら、自動的に売れるような逆指値**を入れておいても良いかもしれません。

けれど、5％減程度の細かい下げで逆指値を入れて売ってしまっていたら、利益が出ません。ビビリ過ぎずに悠長に構えながら、大きく下げるリスクには備えておく。それがスイングトレードでの損切りのコツです。

第4章

実戦！投資戦略

①投資テーマ術

週55分で、
毎週5万円
儲ける株

日々の観察から、投資テーマを考える

過去の事例をもとに、値動きを先読みするのが「半歩先読み術」の極意。

未来に起きることは誰にもわかりません。

でも、株式投資の世界では「歴史は繰り返す」。

今起きた出来事について、過去の事例を見ることで、**未来の投資家の行動を、ある程度の高確率で予想できます**。


過去の事例の内容は多岐に渡りますが、本書では次のように分けました。
①テーマ性のあるニュース、②株主優待、③企業の出世、④イベント
本章ではまず、①テーマ性のあるニュースについてお話しします。

日々関心を持っているテーマに関する**ニュースが、過去に流れた際の関連銘柄の値動きをチェック**しておき、**同様のニュースが流れた時に関連銘柄を買う**というのが、「投資テーマ術」での王道の先読みです。

特に値上がりしやすいのは、**国策**や**社会問題**、流行や最新技術など、多くの人の関心を集めていて、しかも、「世の中が変わる可能性がある」事柄です。

子供の頃、未来の世の中を想像して、

「こんなことができるようになっていたら良いな」

と考えたアイデアが、皆さんにもきっとひとつや2つはあることでしょう。

スマートフォンなんて、まさにイメージしていた未来の発明そのものですよね！

本書の読者の皆さんなら、スマホの登場によって劇的に変わる前と後の社会を体験しているはず（たぶん・笑）。

そういう「夢が次々に現実化していく世の中」で**次の夢にどれだけ期待をするか**、その夢のテーマを考え、「**その夢が実現するとどの関連銘柄が得をするか**」を考えることが、「投資テーマ術」なのです。

国策に売りなし　投資テーマを先取りしよう

国策とは、「国を挙げて世の中を変えよう」ということ。

つまり、「重要課題となっていることに対し、どのように税金を使って世の中を変えていくか」という方針です。

そこで、**大変な金額のお金が使われ、最終的にはどこかしらの企業が恩恵を受ける**ことになります。

国策に関するニュースが出ると、関連する銘柄の株価が上がる＝「国策に売りなし」と言われるのは、そのためです。

特に変化が大きく注目を浴びるのは、「道路交通法改正」や「相続税法改正」などの**法改正**と、国政が**スローガンを掲げて対応策を打ち出している**項目です。

テーマ1：働き方改革

2016年に、電通の新入社員の過労死が認められる出来事がありました。この過労死事件をきっかけに長時間労働への批判が高まり、「働き方改革」の方向へ本格的に舵が切られることになりました。

よく藤本は主張していますが、仕組みや事故で「人が亡くなった」インパクトは、大きなものです。法や制度が変わっていきます。

では、どこが恩恵を受けるのか。

日本社会では残業が慣例になっていましたので、残業削減は、日本の企業各社にとっては大きな変化となります。

というのも、少子高齢化の影響で、労働人口は減りつつあります。そこに長時間労働ができない仕組みが稼働するようになると、まずは雇用を増やす必要が出てきます。そこで、**転職紹介**や**人材関連ビジネスには強力な追い風**となります。

別の考え方もあります。

それは離職率を抑えようというものです。「ブラック企業」として敬遠されたくない会社は労働環境を整備し、社員が辞めないようにしようと考えます。

そのための代表的な施策として、自動化で効率を上げ、人材を使い捨てにしないというものがあります。

AI化や作業の**自動化、RPA**（ロボットによる業務自動化）、**無人化**による改革です。

「生産性を上げる」というニュースが出た際には、**ソフトを開発**したり、**無人化に対応**する機器を開発したりという企業が注目されます。

証券会社のサイトでキーワード検索などして、探してみましょう。

豆蔵ホールディングス（３７５６）は、人工知能（ＡＩ）とＲＰＡの技術を融合した新しいプラットフォームを開発中です。利用者は対話型ＵＩ（ユーザーインターフェース）から「キーボード入力」や「音声入力」で、各ロボットに業務を指示することが可能になるかもしれないとのことです。アイティフォー（４７４３）は、人間に比べて２４５倍のパフォーマンス、24時間稼働でミスもしない「ＲＰＡ業務自動化ロボ」を展開しています。

3756　豆蔵ホールディングス

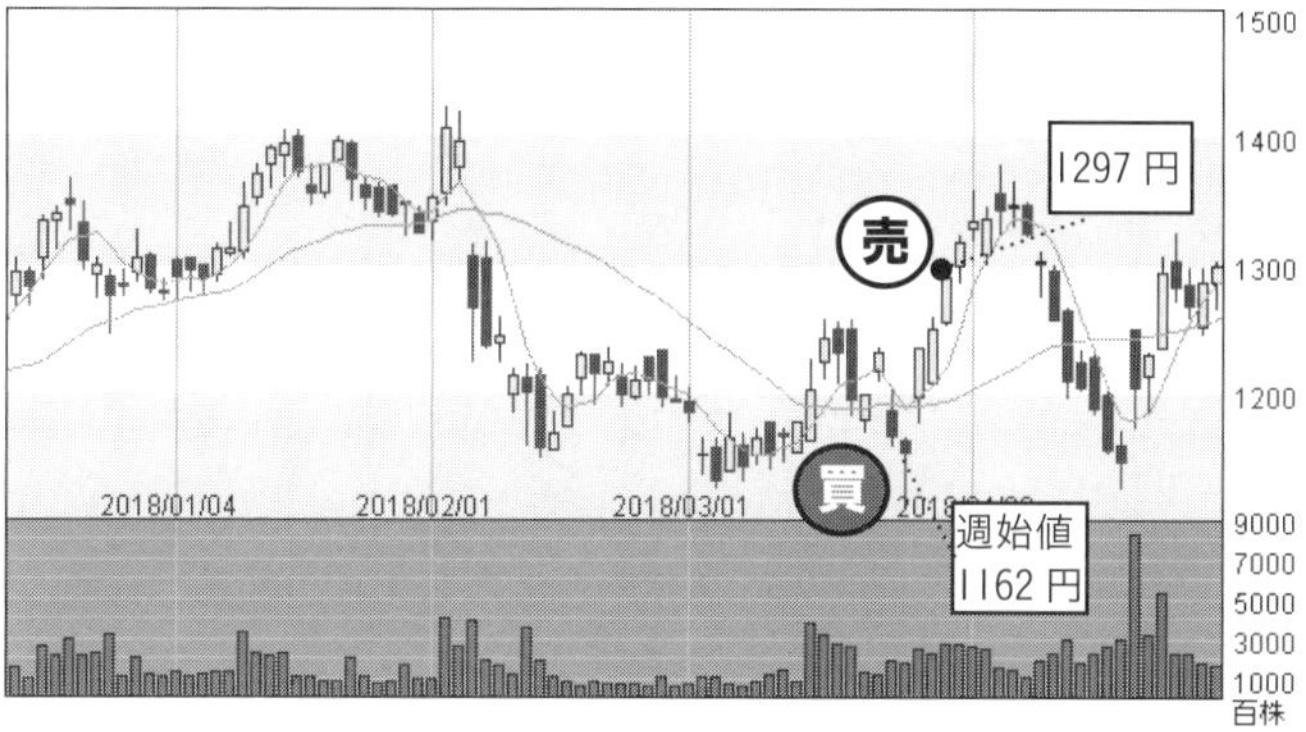

買	1162 円 ×400 株＝	464,800 円
売	1297 円 ×400 株＝	518,800 円
利益		54,000 円

4743 アイティフォー

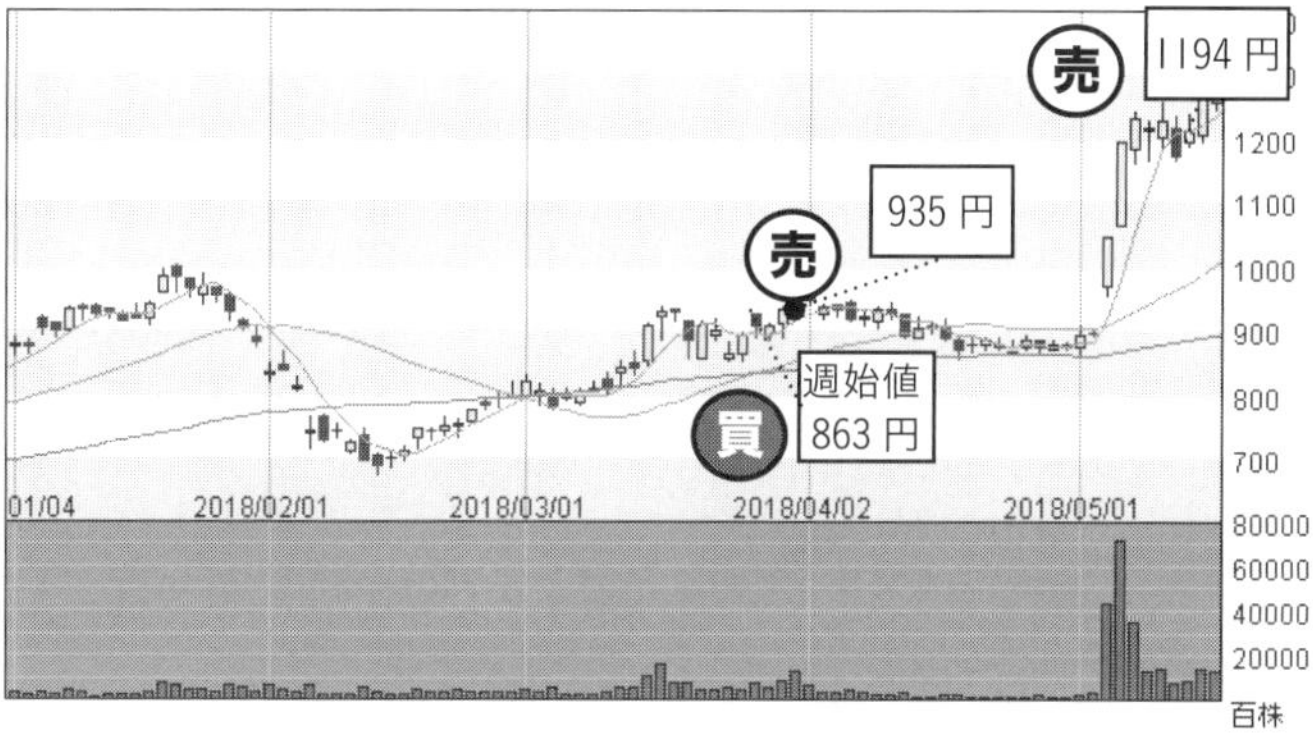

買	863 円 ×600 株＝	517,800 円
売	935 円 ×500 株＝	467,500 円
	1194 円 ×100 株＝	119,400 円
利益		69,100 円

また、働き方改革によって、会社員だった人が**独立して個人事業主やフリーランスに**なる動きも見られています。つまり、個人が自身の時間や知見、経験を売るように変わってきているのです。

働き方改革は、企業の雇用や生産性改善だけでなく、個人対企業、個人対個人の取引を増やすように社会の労働の仕組みも変えていきます。個人が経営者になるので、会計を簡易にする**クラウド会計**などのツールがこの先、流行しそうです。

また、**クラウドソーシング**によるプロジェクトも増えるでしょうし、決済方法も銀行振込から仮想通貨などに広がることでしょう。

クラウド会計の大手として、マネーフォワード（３９９４）が挙げられます。

またクラウドワークス（３９００）に代表されるクラウドソーシング会社も要チェック。企業からさまざまな仕事を受けて、同社に登録したクラウドワーカーに仕事を小分けにして発注するのです。

独立して仕事を請け負う人々がどこに向かうか、考えると見えてきますね。

3994 マネーフォワード

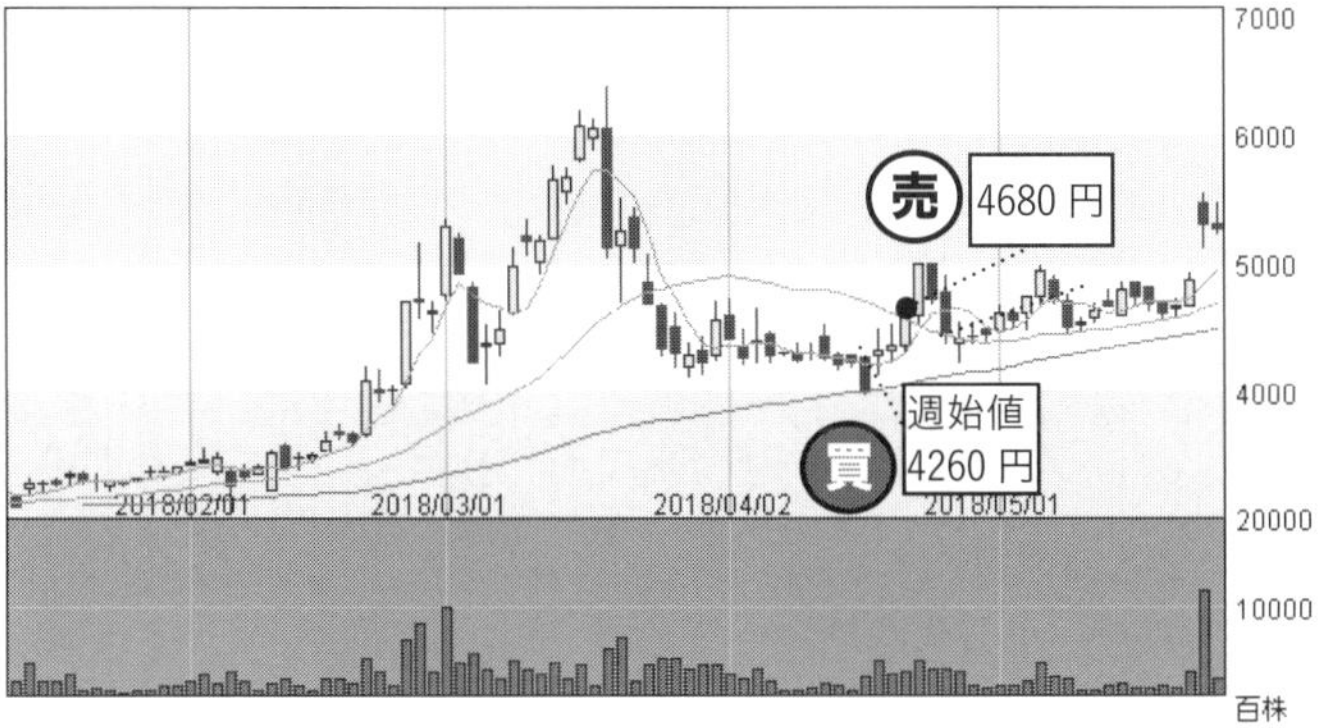

買	4260 円 ×200 株＝	852,000 円
売	4680 円 ×200 株＝	936,000 円
利益		84,000 円

3900　クラウドワークス

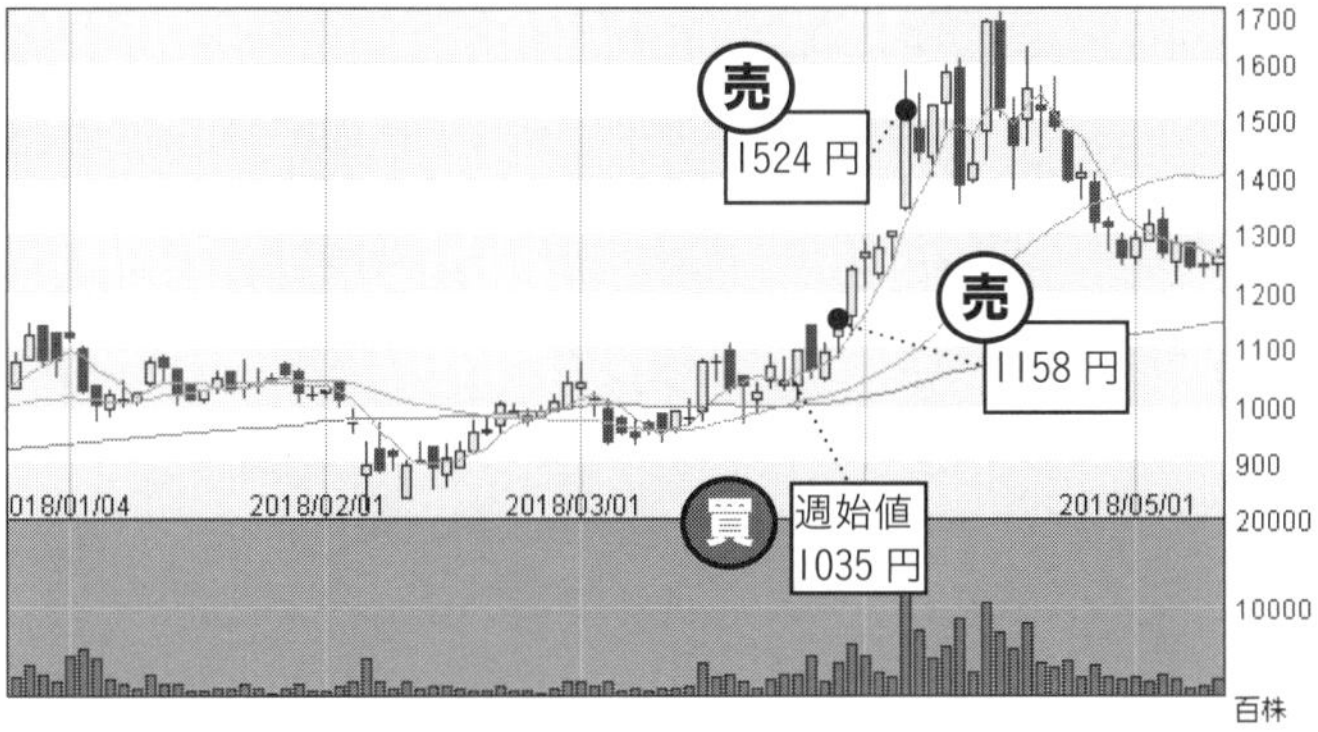

買	1035 円 ×600 株＝	621,000 円
売	1158 円 ×500 株＝	579,000 円
	1524 円 ×100 株＝	152,400 円
利益		110,400 円

テーマ2：インバウンド

今や日本には年間2000万人の外国からの旅行者が訪れるようになりました。外国からの旅行客というのは、政府にとってはありがたい人たちです。

というのも、コストがかからないのにお金を使ってくれるからです。コストというのは、生活保障や医療費など。特に日本は高齢化していますから、医療費や年金のコストが年々比重を増している一方で消費は落ち込み、そのコストが不要で消費してくれるのはとてもありがたいのです。

観光目的でもビジネス目的でも、旅行客は必ず飲食にはお金を使います。

特に日本の飲食は、世界的に見ても圧倒的にユニークな存在で、世界中の食が揃っていて価格競争が厳しいので安価だし、だいたい安全だと考えられています。その上、おもてなしを謳っているので、サービスのレベルも高いのです。

そこで、サービス業において今後のビジネスが大きく広がるのは、インバウンドの分野だと考えられます。

特に**和食関連**のビジネスには注目しておきたいところです。

さて、和食というと、うかい（7621）のような和食系の外食産業が一番に思い浮かびますよね。

でも、福の神がここで注目すべきだと考えるのは、**食材や加工品**の分野です。

業務用の八百屋さんデリカフーズホールディングス（3392）、旅館やホテル、料亭へ和食の高級食材の加工品を卸すジーエフシー（7559）、卵の加工品や水産練り製品など寿司材料を多く卸しているあじかん（2907）など、一般の消費者は知らないけれど、飲食の世界では有名な専門的な食材の会社は、いろいろと上場しています。

なぜこれらの会社に注目するのか。

というのも、皆さん、考えてみてください。

「インバウンド消費で、和食市場が活性化！」

という記事が出たとしたら、まずどんな株が上がると思いますか？

大体の人が、和食の業態を持っている外食産業の銘柄を思い浮かべますよね。

当然、そうした銘柄の株価も、寄付で「ピュッ！」っと上がるのです。

でも、こういうニュースで瞬発的に上がる場合は、誰でもすぐに思いつくので、効果は長続きしません。そこですぐに押し戻して下がります。

デイトレードなら高値をつけたところで売ってしまって利食って（利益を確定して）しまっても良いのですが、皆さんの投資法はスイングトレード。なので、1日で決着がついてしまっては困ります。

本当に力のある銘柄なら、後からもう一度上がってくるのでしばらく持っていても損はしないだろうと思いますが、時間をロスしてしまいます。

そこで、半歩先読み術を使いましょう。

「和食好調！」と聞いた後で、

「あれ？　でも実は一番儲かるのって、材料を卸している会社なのでは？」

と気づく人もけっこういるもので、過去にもこうした銘柄が後から値を上げて、上昇トレンドであればそのまま上がっていく例は、多いのです。

6067 メディアフラッグ

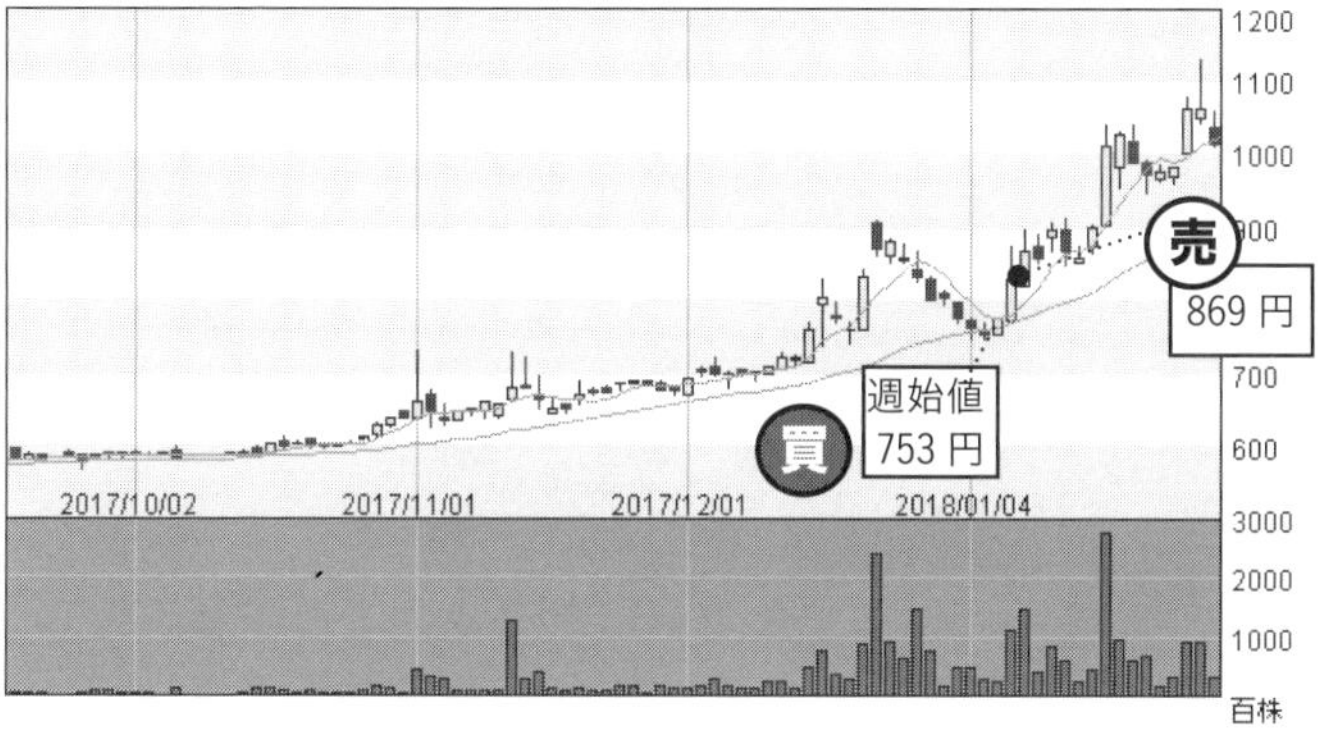

買	753 円 ×1000 株＝	753,000 円
売	869 円 ×1000 株＝	869,000 円
利益		116,000 円

ですから、飲食店の株価が上がり始めたところで先回りして、

「次は食材が上がるよね」

と、まだ値が安いうちに買っておけば、瞬発力で勝負しなくても、スイングトレードで十分に利益を得られるのです。

あるいは、**「おもてなし」を支える会社**も有望です。

サービスレベルの覆面調査会社のメディアフラッグ（６０６７）、飲食店の設備の緊急メンテナンスを受注するシンメンテホールディングス（６０８６）なんかも、後から気づいた個人投資家に買われて、時間差で値上がりしてくる銘柄じゃないかなと思います。

また、観光そのものを考えると、従来の外国人観光客は「東京と京都」が基本パターンでしたが、その枠を超えた観光にも人気が出てきました。

特に人気があるのは、**富士山、温泉、雪**のうち2つ以上が揃っている場所。

そのほかにも最近は日本人の視点からは意外な場所に人気が集まっています。


例えば、冬場の長野電鉄長野線の終着駅・湯田中駅は、外国人観光客であふれています。彼らのお目当ては、駅からさらに奥地にある地獄谷。

野生のニホンザルが温泉に浸かっていて、大変な人気を呼んでいるのです。

今を遡ること30年あまり。1980年代に、ソニー（6758）の『ウォークマン』のテレビCMが大変な話題になりました。イヤホンを耳に、目を瞑って音楽を聴くニホンザルのCMの印象が外国人の脳裏に強く残っているのでしょうか、温泉に猿が入っている姿は強烈なインパクトを与えているようです。


ロシアのスケート選手まで『セーラームーン』のアニメを観ている時代ですから、インバウンド消費は、日本人には考えられないものを見に行くように変わってきています。

最近では**Instagramで紹介**された景色を訪ねる人も多いようです。**話題のスポットはチェックしておき、関連する銘柄がないか探しておく**と日経新聞やテレビのビジネス番組などで紹介された時、敏感に反応することができますね。

加えて、**リニア新幹線**が開業すると、東京・名古屋間が1時間足らずになるので、人の流動がかなり変わると思います。特に羽田空港がますます便利になり、**品川近辺**が盛り上がるでしょう。正直、観光には少し使いづらいルートじゃないかなとは思うものの、インバウンドのルートに少なからず影響がありそうです。

例えば、日本の場合、飛行場から数時間でスキー場に行けます。湯沢などは新幹線で駅を降りたら、スキー場があるくらいです。

日本スキー場開発（6040）は、長野オリンピックで使われた白馬スキー場など多くのスキー場を運営しており、数多くの訪日外国人旅行者を受け入れています。英語や中国語の出来るインストラクターもいるスキー教室もあるそうです。

また、全国各地の名産品を製造していた企業を買収して傘下に持つ寿スピリッツ（2222）のお菓子も外国人に大人気です。

テーマ3：婚活

政府がここ10年以上にわたる課題として取り組んでいるのが、少子高齢化対策です。その最大のターゲットになるのが、結婚。

働く女性が増えて晩婚化が進み、出生数が落ちて団塊ジュニアの頃には年間200万人生まれていたのに、今や100万人を割りました。

毎年、40万人が減っていく構図です。

結婚しなければ出生率も下がるということで、婚活を後押ししてきましたが、この流れはまだ当分続くと考えられます。

婚活に関する銘柄では、ＩＢＪ（６０７１）がそのものズバリの婚活イベント主催会社です。また、リンクバル（６０４６）は全国で街コンを開催しており、恋愛情報サイトや結婚相談所紹介も手掛けています。

また、少し前に「保育園落ちた　日本死ね」が話題になりましたが、保育園が足りない

6071 ＩＢＪ

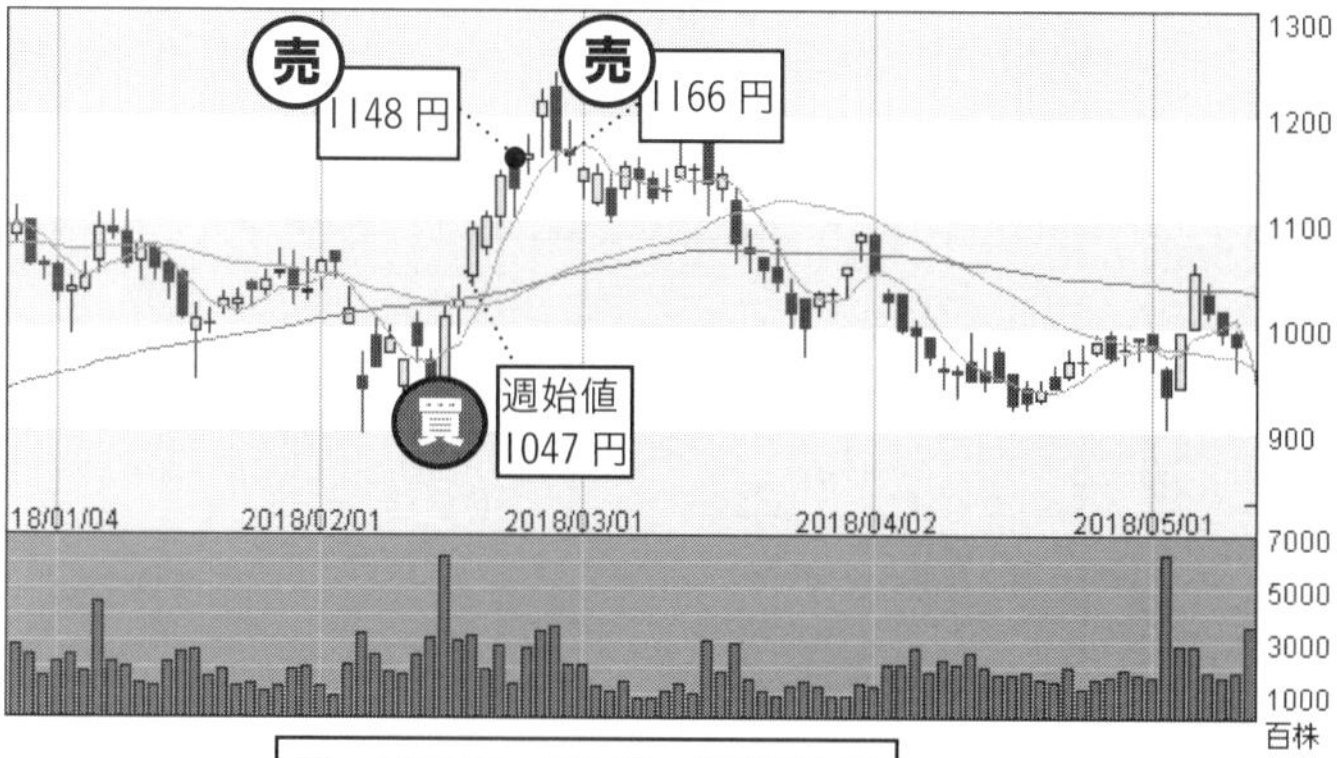

買	1047 円 ×600 株＝	628,200 円
売	1148 円 ×500 株＝	574,000 円
	1166 円 ×100 株＝	116,600 円
利益		62,400 円

現状は、まだ続いています。

保育園が増えたら、預けて働こうと思うママが増え、なかなか追いつかないのです。

国が本腰を入れて子育ての環境整備を図るのなら、まずは結婚や子育てに関する銘柄、続いて働く女性に関する銘柄などに注目が集まることでしょう。

グローバルグループ（６１８９）は、首都圏中心に保育所を運営。また個別指導受験塾「ＴＯＭＡＳ」のリソー教育（４７１４）は、１歳からの受験託児も行っています。

高齢者が増える一方で、出生率は微減を続けています。ということは、日本の人口は減り始めているといえます。少し前までは、地方で若者が減っていると言われていましたが、今は都会でも若者が減っています。

さらに、非正社員の増加などさまざまな理由で若者の貧困化が進むなど、二極化の傾向は顕著になっています。

こうした人口動態の変化は、社会のあり方をガラッと変えてしまう可能性があります。

人口動態が投資テーマのヒントに

テーマ4：進む高齢化

高齢化＝介護、といったわかりやすい構図だけじゃないんです。

２０１７年に、団塊の世代が70歳になりました。

その10年前の２００７年には、団塊の世代の一斉退職によって社会の仕組みがずいぶん変わりました。

今度は団塊の世代の**企業経営者が、そろそろ、引退を考え始める**タイミングになってきました。

１９７９年の経営者の平均年齢は49歳でしたが、２０１０年には５８・９歳と大幅ＵＰ。創業社長がずっと社長の椅子に座り続けてきたケースもあるでしょう。

一代で上場まで持ち込んだ創業社長は、カリスマ的な経営者であることが多いものです。

そこで課題となるのが、**事業承継**です。

未上場の中小企業には「子供が会社を継いでくれない」という問題があって、最近はＭ＆Ａが流行っています。

物作りの工場でも飲食店でも、後継者がいない会社は、他の会社に買ってもらわなければ存続が難しいからです。

会社を買う側も、会社の規模をてっとり早く大きくしようと思ったら、別の会社を買ってしまうのが近道ですし、M&Aは、今後増えていくと考えられます。

特に上場企業が未上場の良い会社を買うケースは、増加する一方でしょう。

上場企業が未上場の会社を買収する場合、上場企業の株価が上がります。

しかしそれは一時的なもの。

先読みをするなら、**買収のニュースが出るたびに、M&A仲介の会社**、例えば日本M&Aセンター（2127）・M&Aキャピタルパートナーズ（6080）・ストライク（6196）のような会社が注目されるだろうと考えられます。

テーマ5：人手不足と自動化

少子高齢化や働き方改革が、人手不足に拍車をかけています。

そこで例えばコンビニやスーパーでは、セルフレジの業態も増えてきました。

現在のセルフレジではバーコードを読ませていますが、買い物客が自分でひとつひとつバーコードを読ませるのは、なかなかの手間です。

そこで将来的には、商品に全てバーコードの代わりに**ICタグ**をつけることが考えられています。ICタグなら、全ての商品をカゴに入れたままでも、電波で読み取り会計の計算をしてくれるようになるからです。

実験店ができたり、実用化が進んだり、そのニュースが報道されるたびに、まずはICタグを作っている凸版印刷（7911）や大日本印刷（7912）などが恩恵を受けるでしょう。また、POSなど流通端末で国内シェア5割で世界首位の東芝テック（6588）のような会社についても、「レジの一斉入れ替えの特需で、儲かる可能性がある」と個人投資家は考えるはずです。

しかし、もう半歩先読みをすると、レジの進化は現金決済だけとは限りません。

例えば、中国では電子決済のインフラ整備が進んでいて、屋台の食べ物やさんでも、QRコードを読み込んでスマホで電子決済ができるようになっています。お店の人も、現金のお釣りを用意していない、完全キャッシュレス社会に近づいているのです。

日本では現金信仰が強いので、まだまだ現金決済は続くでしょうが、世界的に見ると現金優先の国は少数派です。

いつかは日本でもカードや**電子決済**が多数派になるでしょう。

電子決済でいうと、ビリングシステム（3623）が中国『微信』決済を強化していたり、フライトホールディングス（3753）が決済アプリを開発したりしています。

インフラの整備は、今後、仕組みを作る方へシフトしていくと思います。

ですから、**インフラの仕組み作り**というテーマには、今後敏感になって、研究していくと

買	1230 円 ×600 株＝	738,000 円
売	1330 円 ×600 株＝	798,000 円
利益		60,000 円

良いでしょう。

高齢化や人手不足に関していえば、**自動車の自動運転**も技術面だけでなく、仕組みの面でも圧倒的に世の中を変えていくと思います。

まだ100%完璧と言える段階ではありませんが、高齢者の足が必要な一方で、高齢者自身が車を運転するよりも圧倒的に安全性が高くなる時代がすぐに到来すると思われるからです。

自動運転の中核部品である車載用画像センサーは、ソニー（6758）が作っています。

アイサンテクノロジー（4667）は、高い技術を持つ自動運転関連銘柄です。

テーマ6：「二極化」

最近、都心では若者を中心に、「3畳賃貸」が流行しているそうです。好立地にあるけれど非常に狭いので低家賃という物件が受けているのだとか。

今の20代・30代は、日本経済が停滞している時期に育ったので、お金の使い方がシビアです。

ワーキングプアなどの理由で、本当にお金がないという若者もいますが、使う時には使うけれど価値を感じないものに対しては徹底して節約するというスタンスの若者もたくさんいます。

そこで、**富裕層的なビジネス**と、徹底した**節約主義のビジネス**に**二極化**する傾向は、今後ますます顕著になっていくでしょう。

例えば、3畳とは言わないまでも家が狭いと、モノを**トランクルーム**に置くことになりますよね。

そこでトランクルームの滞納保証が主力で、施設の開発・販売、運営、仲介も行っているパルマ（３４６１）や、収納用スペースとして「ハローストレージ」を全国に展開しているエリアリンク（８９１４）なども注目されています。


「**シェア**」という発想は、日本の若者社会ではすっかり定着したといって良いでしょう。

それをビジネス化した代表格が、フリマアプリのメルカリです。２０１８年６月に上場、まさに絶好調といったところでしょう。

服でもバッグでも、必要なものを必要な時だけ使って、不要になったら売る。使いかけのブランド化粧品がどんどん売れているとい

8914　エリアリンク

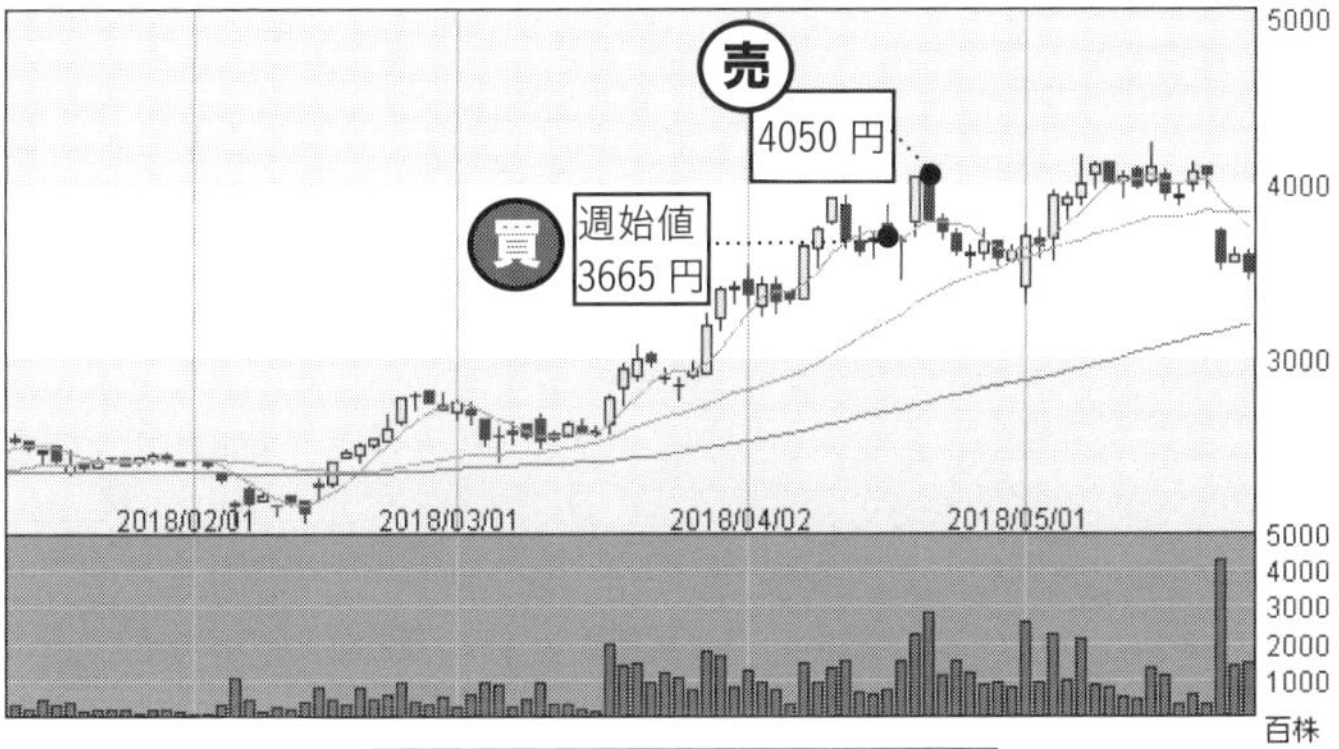

買	3665 円 ×200 株＝	733,000 円
売	4050 円 ×200 株＝	810,000 円
利益		77,000 円

うのだから驚きです。購入する人は、サンプルを買う感覚なのだそうです。マーケットエンタープライズ（３１３５）は、中古品をネットで買い取る『高く売れるドットコム』も運営しています。

合理的という発想は、実は富裕層向けビジネスのキーワードでもあります。

衣料品ネット通販のZOZOTOWN（スタートトゥデイ　３０９２）が、ECの障壁だったサイズ違いを解決する手段として、サイズスーツを無料で貸し出しするサービスを開始し、話題になりました。これも、ネットで洋服を買う際の合理化にマッチしたビジネスです。

また、靴のネット販売では、「自宅で試着」を謳ったロコンド（３５５８）がテレビCMで認知度を高めています。

いずれにしても、これからは中途半端な中間層向けの商品は売れません。一億総中流の時代は遠い昔のこと。中間層は日本からいなくなってしまったのです。

一方で、低コスト・合理化ビジネス、富裕層向けビジネスは、共に意外な成長分野として注目していってよいと思います。

3558 ロコンド

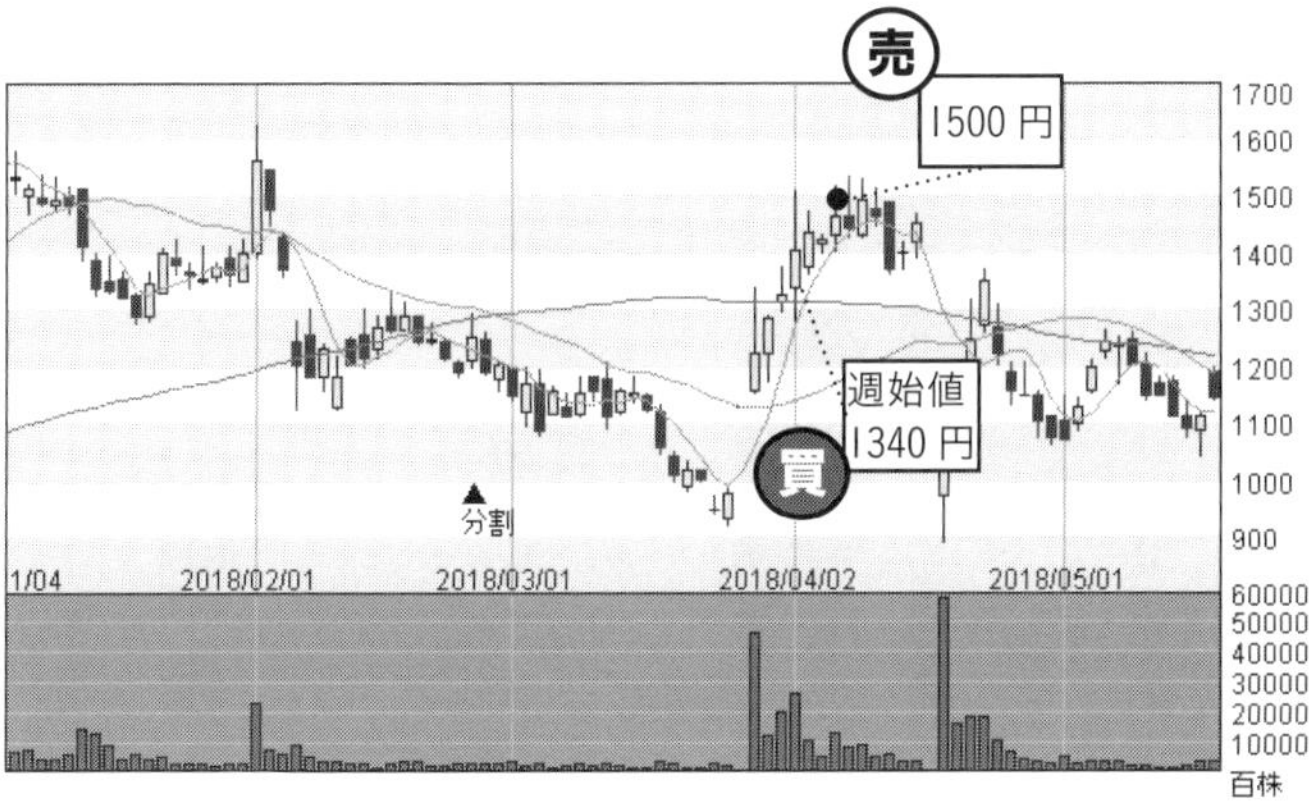

買　1340 円 ×600 株＝ 804,000 円	
売　1500 円 ×600 株＝ 900,000 円	
利益	96,000 円

トレンドの観察から、投資テーマを考える

トレンドはヒットの起爆力がある分野です。そこで「流行っていること」をヒントに、投資テーマを考えていくのもよいでしょう。

テーマ7：SNS

SNSはスマホで簡単に始められるようになったこともあり拡大の一方で、今や誰もが情報発信をするようになりました。

特にInstagramの若い女性に対する情報発信力には、目を見張ります。

「インスタ映え」は、

「モノを持っていなくても、充実した体験ができれば良い」

という感覚や価値観に世の中を変えました。

従来は、ブランドのようなモノを持つことがひとつのステイタスとなっていました。

ところが、インスタ映えが「リア充」な姿の発信であるように、**モノ消費からコト消費**へと、消費の価値観が移ったのです。

料理は、高級料理より見栄えの良いものが重視されるようになりました。

CDが売れなくなり、ダウンロードすらされなくなりましたが、ライブやフェスなどの体験は圧倒的に人気があります。行けばSNSで発信できるからです。

6694　ズーム

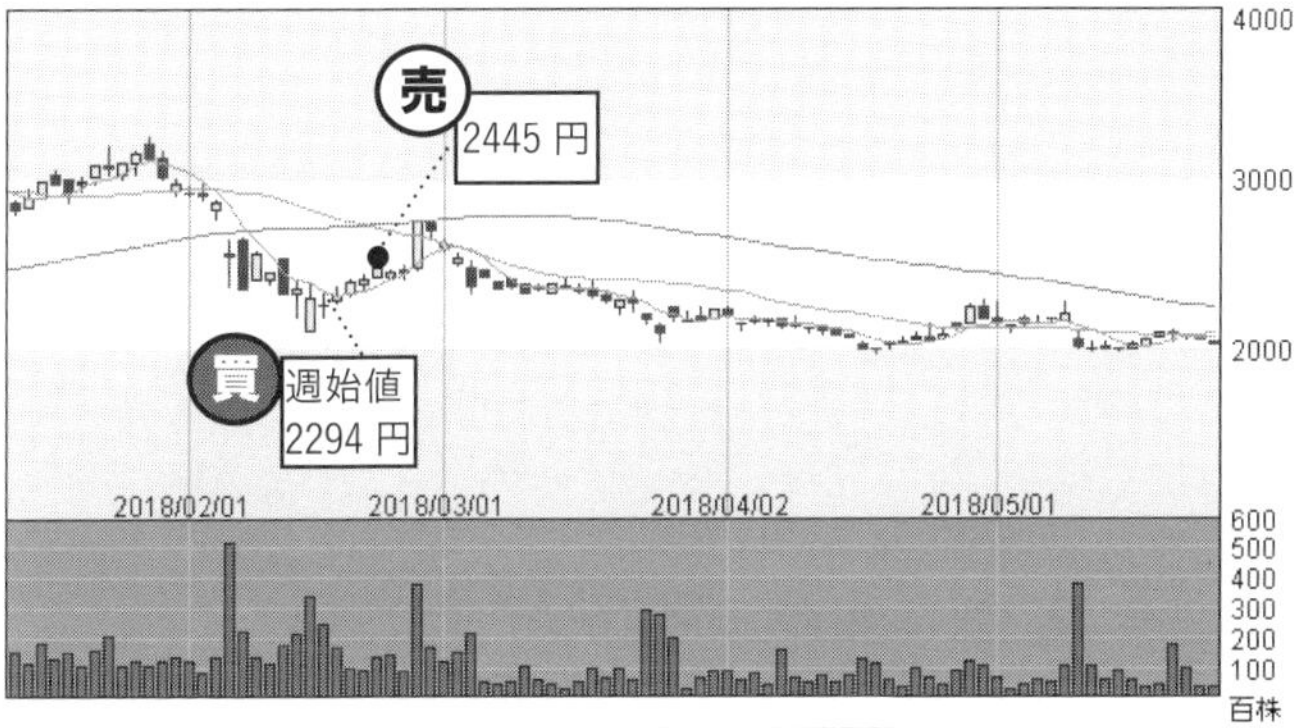

買　2294円×400株＝917,600円
売　2445円×400株＝978,000円

利益　60,400円

コト消費ビジネスは今後ますます注目していきたい分野です。

ユーチューバーの制作サポート事業を展開しているUUUM（3990）は、『ヒカキン』などの有名ユーチューバーのサポートを行っています。また、ズーム（6694）は、ユーチューバー用のカメラ・マイクなどを製造販売しています。

情報の取り方でも、SNSが重要な存在になってきています。

SNSで株価が上がることも増えてきましたし、それだけに会社経営者のTweetなど、ソースがはっきりした情報は、発信者も重視しています。

デイトレーダーの情報発信は、ほとんどがポジショントークで、「皆もこの銘柄を買って株価を上げて」というのが本音なので重視する必要はありませんが、企業の公式Twitterや経営者の「Twitter、Facebook、ブログは重要なニュースソースとなっています。

ひふみ投信の代表取締役社長の藤野英人さん、大和住銀投信投資顧問のシニア・ファンドマネージャー苦瓜達郎さんなど、カリスマファンドトレーダーのSNSは、勉強の素材としてチェックすると良いと思います。

彼らはいろいろな企業を訪問して判断しているので、彼らが売買した銘柄を見て、考え方や目のつけ所、注目業種などを学んでください。

SNS流行りの一方で、テレビを見る人、新聞や雑誌を読む人が減りました。ネットの発信力が圧倒的に強いのですが、若い人が使う情報端末は、パソコンよりスマホです。

スマホでの情報収集は、アプリによってダイレクトに目的のサイトに飛ぶことが特色です。ポータルサイトや検索サイトを通じた、回遊をしないのです。目的が明確であるため、今後は広告のスタイルも変わっていくことでしょう。

スマホ向けの広告プラットフォームを運営しているのが、アイモバイル（6535）です。特にスマホ向けの動画広告に強みを持っています。

テーマ8：テクノロジー

テクノロジー関連の流行は、産業に与える影響が大きいので、注目しておきましょう。

私藤本が最近注目しているのは、「**〇〇テック**」。既存の価値観にテクノロジーを掛け合わせることで、仕組みを変えてしまうような技術のことです。

一番注目しているのは、エデュケーション×テクノロジーの「**エデュテック**」。

生徒全員がタブレットを持つことで、黒板に書く授業、コンピュータールームを使う授業から、宿題もテストもタブレットを使う授業へ大きく変化しそうです。テストの採点が自動化されるなど、教師の労働時間を短縮する効果も期待できますから、これもまたテクノロジーによる働き方改革の一種といえるかもしれません。

たとえばチエル（３９３３）は、学校教育向けＩＣＴ事業がメインビジネスで、小学校～大学向け授業・講義支援システムやデジタル教材を提供しています。

「〇〇テック」は、今後もあらゆるスタイルが考え出され、現状の問題点を解決する仕組みとして、どんどん広がっていくことでしょう。

第5章

実戦！投資戦略

②株主優待術

週55分で、
毎週5万円
儲ける株

桐谷バブルって何？

2013年頃から、テレビ番組に度々登場するようになった、元・将棋棋士という異例の経歴を持つ個人投資家の桐谷広人さん。ご存じですか？

以前から、個人投資家にとって株主優待は人気の銘柄選びの方法のひとつではありましたが、株主優待で生活している桐谷さんの登場で、過熱した気配があります。

その影響で、株主優待の内容が充実した銘柄には人気が集まり、「桐谷さんバブル」といっても過言ではないほど、高値をつける銘柄も出てきました。

今は一時ほどではありませんが、株主優待を目当てに持ち続ける投資家さんも少なからずいますし、バブルはまだ弾けてはいないといえるでしょう。

従来型の株主優待は、「自社商品をくれる」「自社商品の割引券をくれる」「クオカード

や お米券をくれる」といったプレゼント型が主流でした。

それが桐谷さんバブル後は、各社、創意工夫をしてバラエティに富むプレゼントを用意し、個人投資家の注目を集めようとするようになりました。

そこで、株主優待を狙った銘柄を買うにしても、**優待狙いの投資家の行動を先回りするための研究**が必要になっています。


株主優待というのは、企業が自社のＰＲやマーケティングのために、株主向けにプレゼントしている「おまけ」です。ＰＲの目的は自社や自社商品・サービスの認知度を上げるためだったり、株主を増やすためだったりします。

そこで、新興企業の方が、すでに知名度がある大企業よりも実施率が高く、内容にも工夫を凝らしています。

本書でオススメしている投資先も新興企業が中心ですから、購入した銘柄に株主優待がついていることも多く、スイングトレードで売却益（キャピタルゲイン）をとるか、株主優待や配当といったインカムゲインをとるか、迷う人も少なくありません。

本章では、株主優待を先読みに使う術について、お話ししていきたいと思います。

「希少性」を銘柄PRに使う会社

ちょっと前の株主優待は、一定の条件を満たせば全員がプレゼントをもらえるというものでした。

ところがそれでは、もらえる品やサービスの価値は低くなります。

そこでアミューズ（4301）やエイベックス（7860）は、抽選で当選した株主のみを対象としたライブを行なっていたり、ライブチケットの優先予約権がもらえたりしていたので、ライブ目当てに株を保有するファンもいました。

この「**希少性**」を、自社PRに使おうと考える企業が最近増えてきたのです。

自社のアピールポイントと絡めて、高価値でユニークな株主優待をプレゼント。その代表的な例が、「抽選で希少価値・高価値のプレゼントがもらえる」というスタイルです。

例えば、ＪＥＳＣＯホールディングス（１４３４）は独立系の電気設備工事会社ですが、２０１８年に創立50周年事業の記念株主優待を実施。その内容が、抽選で5名の株主（と同伴各1名で合計10名）をベトナム旅行に招待するという豪華なものです。

旅程に同社ベトナムオフィスや工事現場の見学を含んでいるというのがミソ。豪華であるだけでなく、抽選に外れた株主に対しても、同社の事業を説明できているからです。

また、セレスポ（９６２５）は、企画イベント制作会社で、２０１８年の株主優待は、業務上で関わりのあるイベント等3種からひとつが選択できるというもの（申し込み多数の場合は抽選）。そのイベントとは、ゴルフ日本シリーズＪＴカップ、ベルギービールウィークエンド、明治座公演と、個人投資家の関心を引きそうな内容です。

私藤本の基本的な考え方は、「**株主優待は、株主還元ではない**」ということです。本来の株主の権利は、株数に応じて決まるべき。でも、一般的なプレゼントは、保有株数に比例してもらえるものではないので、本来的な株主還元ではありません。

それにもかかわらず行うのは、個人投資家へのアピールのため。

それならば、企業にとってはコストパフォーマンスが高く、認知度UPにつながる株主優待をすべきです。

自社の製品・サービスに関連するユニークな商品・サービスを抽選でプレゼントすることは、まさに得策なのです。

もうひとつの流れは、「**プレミアム優待倶楽部**」を株主優待に取り入れる会社が増えていることです。

これは貯まったポイント数に応じて、提携百貨店・旅行会社の取り扱い商品に交換できるというものです。

上場企業側には、次のようなメリットがあります。

①ポイント付与による個人株主の増加および、長期安定保有の促進

②個人株主増加に伴う、出来高の増加

③電子版事業報告書、ＩＲニュースなどを株主に配信

④株主デジタル化による株主管理コスト（郵券代等）の圧縮

⑤ 議決権行使の促進（予定）

また、個人投資家にとっても、非常に魅力的な株主優待です。商品は旅行や最新家電、旬の味覚、こだわりの逸品など、豪華です。最近の株主優待では、1単位（100株）くらいでは優待品をもらえないケースも増えているので、優待品を目当てにしている人は、もう少しお金を出して、もっと良いものをもらう傾向が強くなってきます。ですから、ポイント人気が高まっているのもうなづけます。

「プレムアム株主優待」を導入している企業でも、優待利回りは企業によって異なるので、より利回りの高い銘柄を選ぶというのは、銘柄選定のひとつの方法といえます。

こうした株主優待を設定している会社は、総じて「株価を上げたい」「株主を増やしたい」意識が強い会社です。

つまり、**会社がその気なので、株価が上がる可能性も高い**。

こうした銘柄を探し、後述する先回り術で早めにゲットしておくことは、優待でプレゼントをもらうより重要だと藤本は考えます。

株主優待先回り術

株主優待狙いの個人投資家は、業績が悪化しても株を持ち続けることがよくあります。

その代表格が、日本マクドナルドホールディングス（２７０２）です。

同社では毎年12月末と6月末に、食事券がもらえます。

ですから、毎年12月下旬と6月下旬には高値をつけて、株主優待の権利が確定した直後にガクンと値下がりします。でも、多くの株主は次の優待を心待ちに持ち続けるため、大きな崩れには至らないのです。

２０１４年の賞味期限切れ肉問題や２０１５年の異物混入問題などで売上が激減、業績が急激に悪化した際も、株価は一時的に下げただけで、すぐに持ち直しました。むしろデフレ時代に高収益だった頃よりも高水準の株価を維持したまま、同社独自の値動きを続けたのは驚きでした。

2702 日本マクドナルドホールディングス（月足）

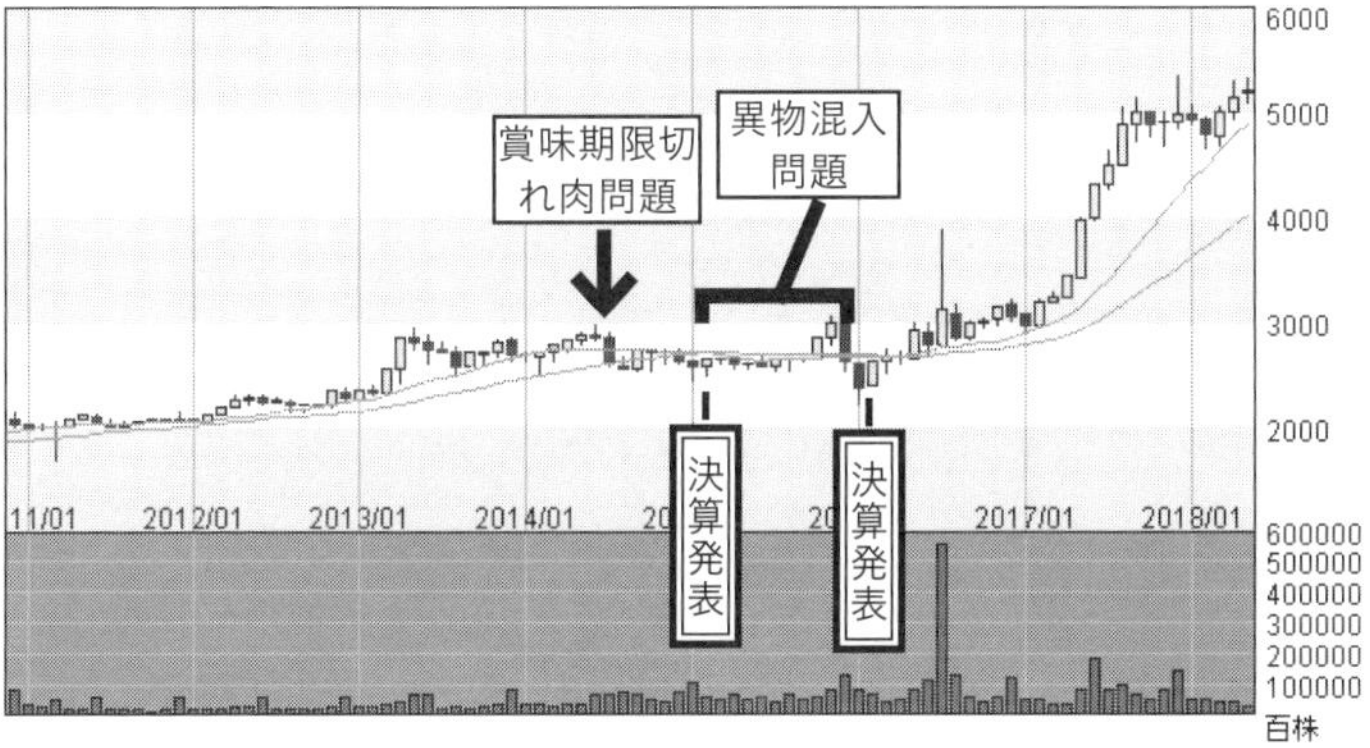

こうした銘柄は他にもあって、そのひとつがコロワイド（7616）です。

「甘太郎」「かっぱ寿司」「牛角」などで使える、年間4万円相当の株主優待がもらえるとあって人気です。

3月末と9月末に権利が確定するので、その直前に株価が上がる傾向があります。

また、高級食材がもらえる銘柄でも同様の傾向が見られます。

例えば、北海道でスーパーを展開するダイイチ（7643）は、ホームページの株主優待内容を紹介するページにメロンの写真を載せています。

正確には、メロンは1000株以上保有している場合の優待品の選択肢のひとつで、北海道特産品4

7643　ダイイチ

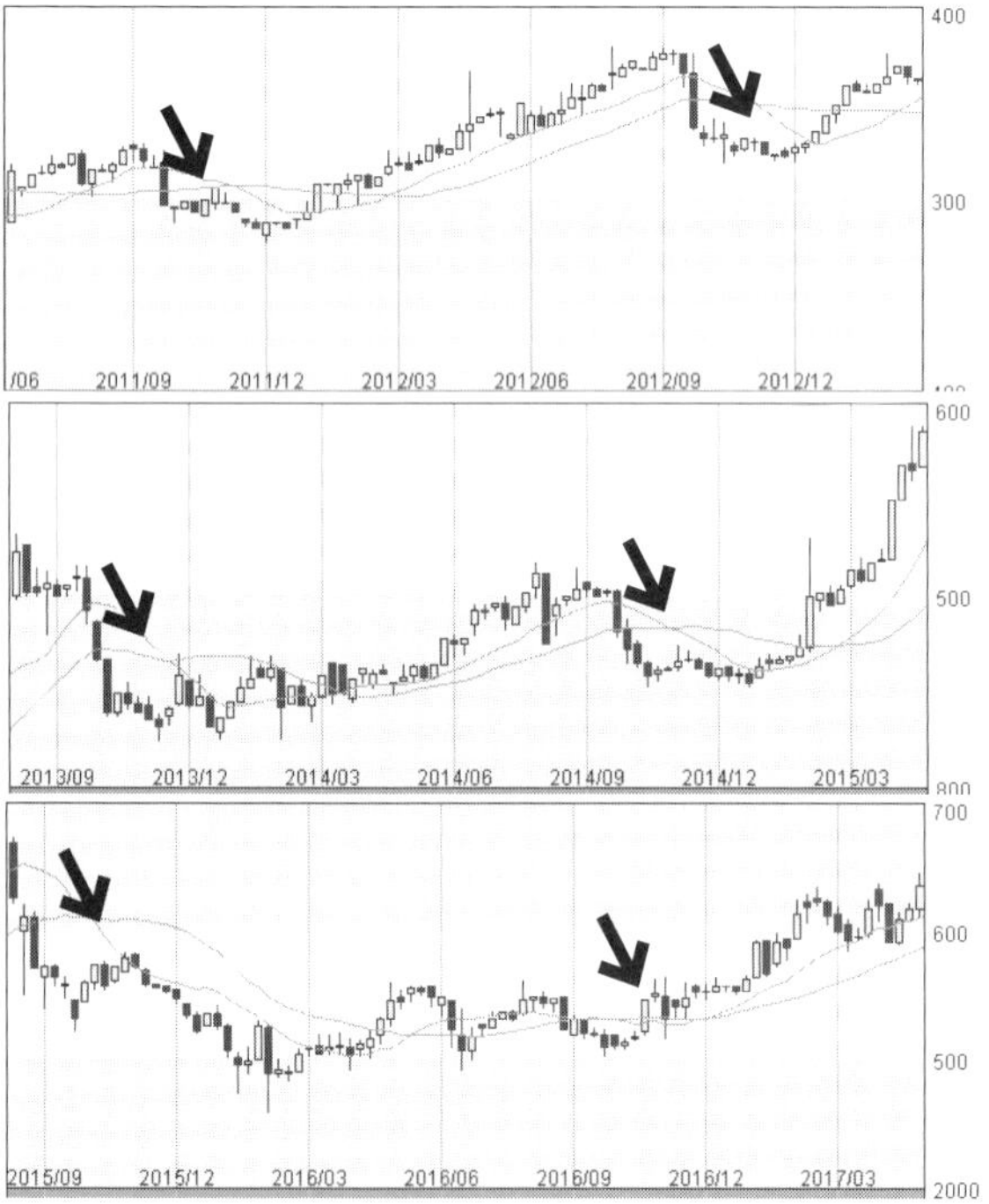

品のうちのひとつなのですが、非常にわかりやすい高級品として、インパクトがあります。

またこのメロンの画像は優待銘柄の紹介記事で大きく扱われることもあって、優待狙いの個人投資家たちには「メロン銘柄」として知られているのです。

そこでチャートを見てみると、過去5年間の週足チャートでは、株主優待の権利落ち後である10月に、急落しているケースが見られます。

まさにメロン暴落ですね。

優待をとるか、儲けをとるか

ここでちょっと考えてほしいのは、

あなたはたくさん儲けたいですか？

それとも希少性の高い品物がもらいたいですか？

ということです。

もし、「優待でしか得られないものがほしいから、株主になる」というのであれば、株主優待をもらう方を選んでください。

ざっくり説明しておくと、株主優待を得るためには、優待対象株数の株を**権利確定日**に保有していることが必要です。

マクドナルドのチャートを見ると良くわかりますが、6月と12月に入るとだんだん値上がりして、24～27日頃に高値をつけ、その直後から値下がりしています。つまり権利確定日に保有していれば、その前後には保有していなくても良いのです。

そこで、株主優待をもらいたい人は、値上がりする前に買っておいて権利確定させるのが、賢い先読み術です。

しかし、儲けたいあなたには、この方法は向いていません。

なぜなら、**株主優待で商品やサービスを得るよりも、売却益を得る方がお得**だからです。

試しに計算してみてください。

２０１７年の日本マクドナルドで考えると、まだ、さほど値上がりをしていない11月24日の寄付で、最低対象株数である１００株を買うと、46万９５００円になります。

そして株主優待で商品の無料引換券４０００円分相当をもらい、５０６０円に値を戻した1月10日に売ったとすると、50万６０００円が戻ってきます。手数料を無視すると、合計約４万円の利益です。

ところが、株主優待をもらわないとどうでしょう？　同じ11月24日の始値に買い、一番高値をつけた12月12日に５３２０円（53万２０００円）で売ると、６万２５００円の売却益が出ます。しかも、約１か月も手じまいが早いので、その間にお金を再投資できます。

もしあなたがダイエット中だとしたら、どちらを選びますか？

2702 日本マクドナルドホールディングス（日足）

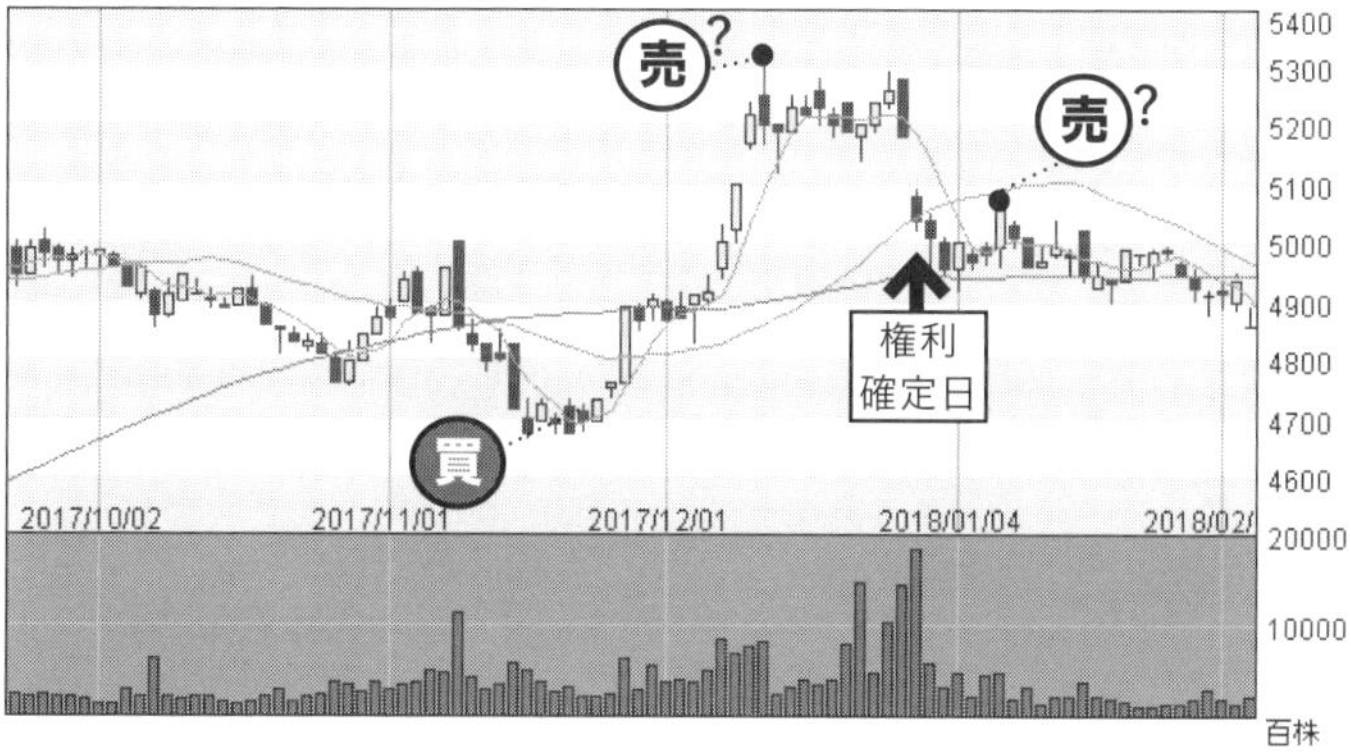

現金を選びますよね。

そうなのです。

株主優待の権利確定日に向けて値が動く銘柄は、いとも簡単に先読みができるんです。

ですから、できるだけ現金で儲けたいという人は、株価が上がる前の、**権利確定日の約2か月前からチェックを始めて安値のうちに仕込んでおき、権利確定日直前の高値で、優待をもらわずに売ってしまう。**

1～2か月周期のスイングトレードに活用すれば良いのです。

もし、気になる銘柄があったら、過去5年間の週足チャートをチェックして、買い時がいつ頃なのか目星をつけておくと良いでしょう。

株価上昇が期待できる銘柄の探し方

さて、株主優待を捨てて売却益をとる場合、どうやって銘柄を探すのが良いでしょうか？

それには、証券会社のサイトにある検索機能や特集企画を使うと便利です。


まず、株主優待ではどんな銘柄が人気なのかを考えることから。

まずは、優待利回りの良い銘柄！　そこで**「優待利回り」という条件で探し**ましょう。

とはいえ、上位から順にチャートを見るのも骨が折れるので、さらに検索！　優待が得られるということは、同時に配当も得られるということ。そこで、**「高配当利回り」という条件でもチェック**！　どうです、なかなか魅力的な銘柄が出揃っていませんか？

別の考え方をしてみましょう。

株主優待の中でも希少性を求める投資家さんもいるはずです。そこで**「おもしろ優待」**

などの名目の、ユニークな優待をチェック！　これで興味をひかれる優待を設けた銘柄が見つかるはずです。優待利回りや配当利回りと合わせて検討すると良いでしょう。

その上で、売って利益を出したいので、株価が上がってくれないと困りますよね。そこで、小売関係の銘柄では特に、売上高が伸びていることを確認しましょう。**「売上高」を条件に検索**してみると、伸びている会社であれば売上高も伸びているはずです。

さらに、75日平均線や100日平均線などを上回っている、中長期の上昇トレンドにある銘柄も探してみると良いでしょう。

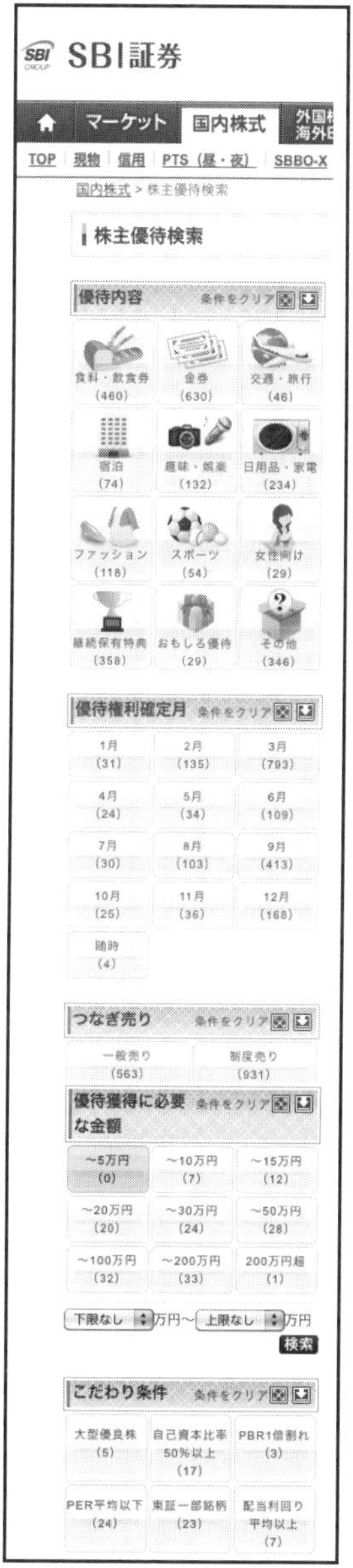

「株主優待」ページの検索ワード例

権利確定が少ない月は狙い目

もうひとつ、株主優待によって値上がりしそうな銘柄を見きわめる方法があります。

それは、**権利確定日を迎える銘柄が少ない月を探す**ことです。

日本の企業は、3月末決算の会社がとても多いです。

そこで、株主優待の権利確定日も、3月末がダントツに多いんです。

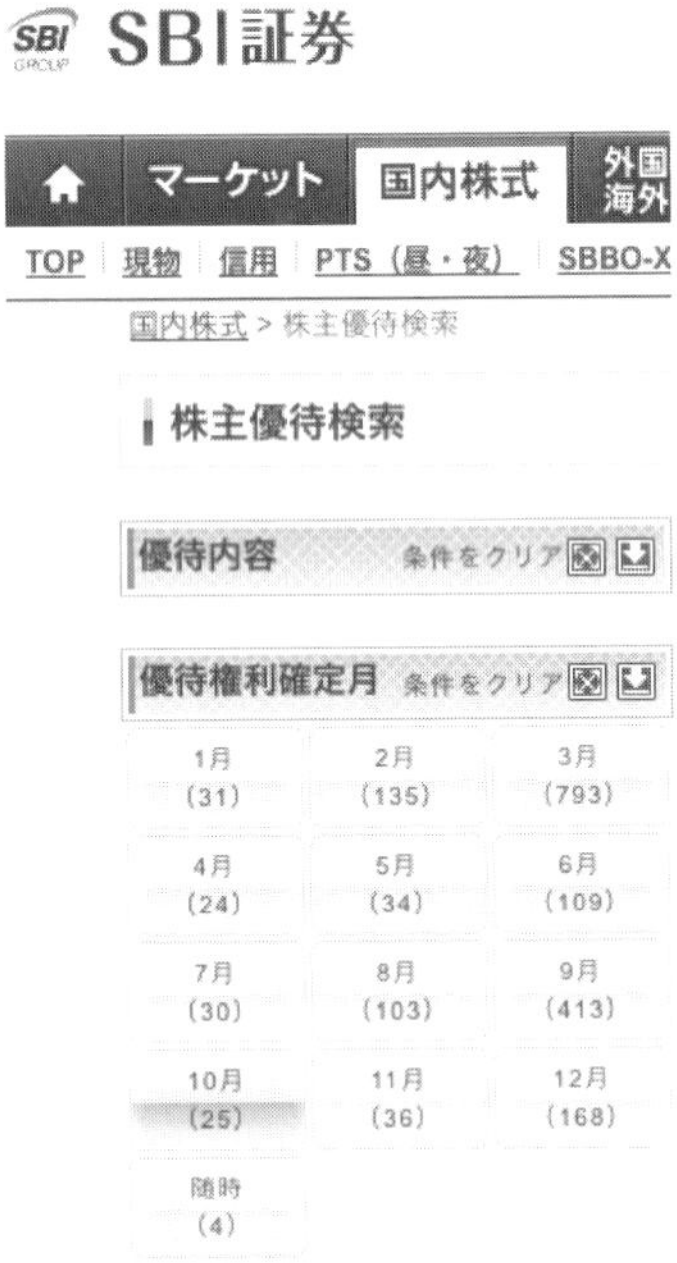

その他、6月、9月、12月も、決算や四半期決算などが理由で、権利確定日に設定している企業が多いです。

逆に1月、4月、7月、10月に権利確定日を設定している企業は目立って少なくなります。

たくさんの銘柄が権利確定日を迎え

るとなると、限られた資金をどの株主優待に使うか、迷いますよね。

それは他の個人投資家も同じ。つまり、個人投資家の思惑が、ひとつの銘柄に集まりにくくなるのです。

逆に銘柄が限られていると、その中で特に魅力的な株主優待に、資金が集中することでしょう。

つまり、**1月、4月、7月、10月に株主優待の権利確定日を設定している銘柄は、権利確定前に値上がりしやすい**んです。


また、各社から出ているマネー誌などでは、毎年3月号（1月売り）で**株主優待特集**を組みます。

ここには、毎年定番の人気優待銘柄が掲載されているので、1冊持っておき、**保存版として2～3年活用**すると良いと思います。

なぜなら、ここに紹介された銘柄は、株主優待狙いの個人投資家が買うので、値上がりするケースが目立つんです。

ぜひ、過去のチャートを見て、確認してくださいね。

第6章

実戦！投資戦略
③出世魚術

株式市場の出世魚銘柄とは？

皆さん、出世魚ってご存知ですか？

成長に伴って名前を変えていく魚のことで、ブリなんかが有名ですね。ちなみに、ブリの幼魚時代の呼び名は関東と関西ではちょっと違ってるんですよ。こんな感じです。

関東　ワカシ　↓　イナダ　↓　ワラサ　↓　ブリ

関西　ツバス　↓　ハマチ　↓　メジロ　↓　ブリ

なんでこんな話をいきなり始めたのかといえば、株式市場にも出世魚のような銘柄があるんです。

まずは新興市場で新規上場して、会社が大きくなるにつれて、東証二部、東証一部と市場を変えて（昇格して）いくのです。

「新興市場銘柄」と呼ばれていたのが、成長すると「一部上場企業」なんて呼ばれるように変わるのですから、まさに出世魚銘柄です。

この**昇格のタイミングを先読みしていくのが、出世魚術**です。

なぜ、東証一部に昇格すると、株価が上がるの？

東証一部に上場することが「企業の出世」であるのは、企業にとってはたくさんのメリットがあるからです。

まず、知名度が大幅に上がります。

そして外国人投資家や機関投資家にも注目されるようになります。投資対象になる確率も高まるでしょう。というのも、東証一部に市場を限定して、投資対象を決定している投資家は多いからです。

当然、これまでよりも多くの投資資金が流れ込んできて、株価も上がっていくのです。

また、東証一部に上場すると、自動的に**TOPIX（東証株価指数）**に組み込まれます。

ちなみに**株価指数**とは、特定の銘柄の株価の動きで市場の状況を示すためのもの。代表的なものとしては、TOPIXや**日経225（日経平均株価）**があります。

これらの指数に組み込まれると、機関投資家に買われやすくなります。なぜなら、指標に組み込まれた銘柄を買い、投資成果を検証するケースが多いためです。

さらには、特定の株価指数に連動させるように銘柄を選び売買する、「インデックス買い」の対象にもなります。

増える「TOPIX買い」

インデックス買いの中でも、TOPIXに連動して売買する「TOPIX買い」は、近年ますます増える傾向にあります。

その理由は、日銀がETFをいっぱい買っているからです。

「？・？・？・」

……ですよね。

大丈夫、わかりやすくご説明します。

本書ではこれまで、「機関投資家」とひとくくりにして称していますが、その内訳はさまざまです。

機関投資家というと、顧客から資金を募り、運用して利益を分配する投資信託などの投資ファンドを一番にイメージする人も多いかもしれません。でも現実には、もっと大きな資金を持っている機関投資家がいます。

東京株式市場で特に大きな資金を持っている機関投資家を「**5頭のクジラ**」といいますが、そのひとつが、日本銀行です。残りの4頭のクジラは、①3つの共済年金　②かんぽ生命保険　③ゆうちょ銀行　④年金積立金管理運用独立行政法人（ＧＰＩＦ）です。

これらのクジラは、大きな資金を株式投資によって運用して、利益を出しているというわけです。

日銀が買っているETFとは、上場している「インデックス買い」の投資信託のことです。

つまり、金融機関などが募集している投資信託商品を通じなくても、株式を買うように自由に売買できるスタイルの投資信託だと考えるとわかりやすいかもしれません。

「インデックス買い」の銘柄の中心は、もちろん、TOPIXに組み込まれている東証一部銘柄です。そして、5頭のクジラは何しろ資金が大きいので、株価に対する影響力も大きい。

したがって、日銀がETFに資金を注ぎ込むほど、東証一部の銘柄も買われていき、株価も上がるのです。

ということは？

日銀などのクジラの行動パターンを知っていれば、TOPIXの動きも先読みできますよね。

出世魚術の極意は、実は**クジラにくっついて美味しい思いをする**

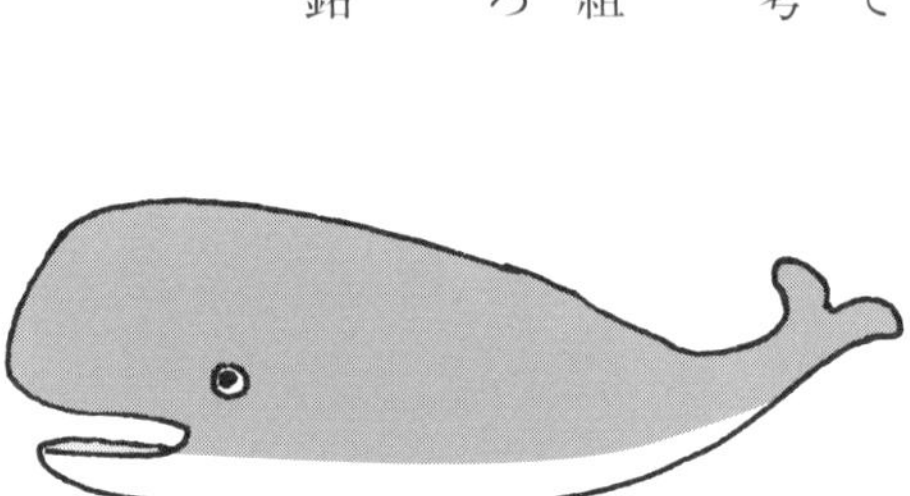

コバンザメの考え方なんです。

他の市場から**東証一部に昇格**すると、**翌月末にTOPIXに組み込まれます**。

そこで、大きな資金が流れ込むことを予想して、**一部への昇格が発表されると、その銘柄の株価は徐々に上がり**ます。

しかし、その後の値動きは銘柄によって異なり、発表後の短期間だけ上がるケースと、その後もTOPIX組み入れまで徐々に上がり続けるケースとに分かれます。

そこで、**発表前に昇格しそうな出世魚候補の銘柄を買っておき、昇格が発表されて株価が上がったら売る**のが、先読み術その1。

そして、**昇格発表後5営業日ほどたってもまだ株価が高いままの銘柄があれば、堅実な値上がりを見込んで買う**のが、先読み術その2です。

たとえば、次ページにあるヒノキヤグループ（1413）は2018年3月16日に一部上場変更承認を得て、3月23日に一部上場しました。

1413　ヒノキヤグループ

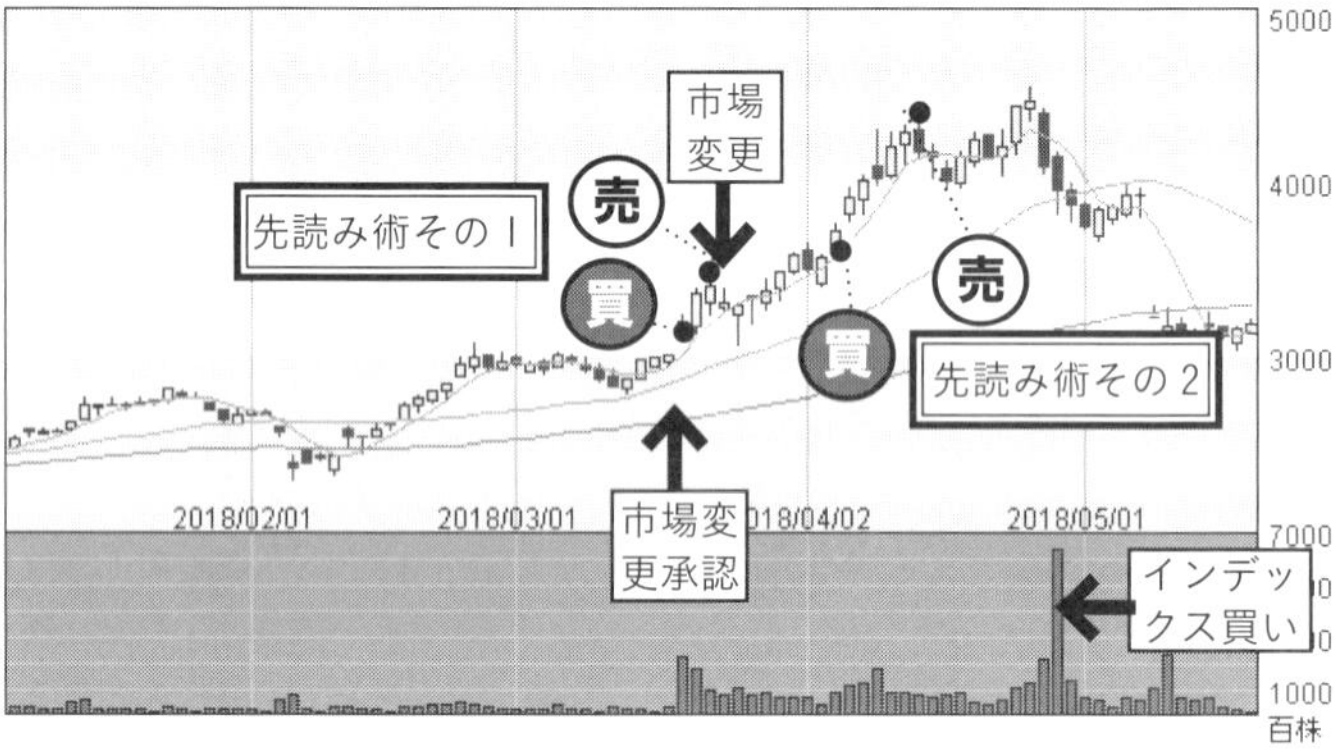

上場承認16日の終値３０１５円から、翌営業日の19日には高値３２４５円をつけ、この週は祝日を挟んで22日まで毎日高値を更新しました。

ならば、市場変更前日の高値でいったん売って利益を得るのが、先読み術その1の儲け方。

4月に入って再び値上がりし始めたところで再び買い、ほど良く値上がりしたところで売るのがその２の儲け方というわけ。

一粒で二度美味しいのです。

なお、**東証一部への市場変更は、年末にかけて増える**傾向にあります。

そこで、9月以降は年末までは、銘柄の市場変更をこまめにチェックしておくと良いでしょう。

そうそう、暴落対策にもクジラのコバンザメは有効です。つまり、日経平均株価を基準にしてどう買っていつ売るかを決めていくと、暴落の前に切り抜けられるのです。

例えば、現物株と信用取引を100％使って銘柄を保有している時、日経平均株価がある程度下がるようなことがあったら、日経225やTOPIXに組み込まれている銘柄は持っていなくても、**念のため信用取引だけ手じまい**しておく。

すると、ポジション（手持ちの株）が半分になるので、万一、その後暴落するようなことがあっても、被害は半分になります。

どれだけ下がった時にポジションを減らすのかは、損切りと考え方は一緒です。

自分が保有している銘柄を買った日を基準に、その日の**指数から5％減ったら黄色信号、10％減ったら赤信号**、というようにルールを決めておくと良いと思います。

週に55分のスイングトレードでは、じっくりと市場チェックするのは週に2回ほど。とはいっても、さすがにTOPIXや日経225などの代表的な指数くらいは、該当銘柄を持っていなくても毎日サクッと見るくらいのことはしておきましょうね。

スマホに証券会社のアプリを入れておけば、10秒でできることですから。

東証一部昇格が期待できる銘柄の見分け方

一部昇格期待の銘柄は、いろいろなチャンスを握っている。というわけで、昇格のタイミングがわかれば、すぐにでもコバンザメしたいところですが、現実には「ウチこれから一部昇格しますよ」と前もって教えてくれるわけがないですよね。

企業が「一部昇格しようか」と決めてから上場するまでに、主幹事会社の審査やら、東証一部への上場申請やら、数回にわたるヒアリングやら社長や監査の面談やらいろいろあって、決議されるまではそこそこかかりますが、決まったら2か月足らずで昇格します。なので、昇格が決まった時に動くのでは、他の個人投資家とほぼ同時のスタートになってしまいます。

では、昇格が発表される前に先読みする方法はないのでしょうか?
はい、ご期待通り、あるんですね。それが、**立会外分売**です。

立会外分売とは、株主が足りない時に、企業などの大株主が所有する株式を売り出して株主を増やすことをいいます。

証券取引所の取引時間外（立会外）に売り出される取引なので、そう呼ばれています。普通に株取引をするよりも割引された価格で買えてお得です。なんと、株式の購入手数料も無料なのです。

実施予定の銘柄や分売日は、数週間前から前日の間に発表されます。ですからここは、**こまめに証券会社のサイトをチェック**して、見つけるしかありません。

が、本当の目的は立会外分売で株を取得することではないので、多少のタイミングのズレは目をつぶります。大切なのは、一部へ昇格できる銘柄を探すことなのですから。

さて、立会外分売のサイトを見ると、その**実施理由**が記されています。
よく読むと、

「一部上場を目指して」

などと書いてある銘柄もあるのです。そこまでは書いていなくても、うっすらと察することはできます。

もし現状は**まだ東証一部ではない銘柄で、最低申し込みが100株、上限数も100株**という会社があれば、その目的は株主を増やしたいというニーズだと読めます。なるべくたくさんの株主に保有してもらいたいので、最低数も上限数も同じなんですから。

そこに着目します。

というのも、東証一部に昇格するにはいくつかの基準をクリアする必要があるのですが、その基準のひとつが、「株主数2200人以上」というものです。

たいていの新興銘柄は、新規公開の時は発行株数が少ないので、株主数もさほど多くはないものです。

もし、時価総額や近年の経常利益などの基準はクリアしていても、現状の株主数が少なくては、指定替えを申請しても通らない可能性があります。

そこで、多数の株式を一手に保有している大株主（たいていは自社や創業者）が少しず

つ多数の人に分配すれば、株主の数は増えます。

昇格のために株主数をとにかく増やす。

それが、立会外分売の裏事情であるところから、先読みするのです。

とはいえ、立会外分売の全てが「一部上場を目指して」いるわけではありません。東証一部に上場している銘柄は、単に株を売りたいだけです。

最低限のチェックポイントは、

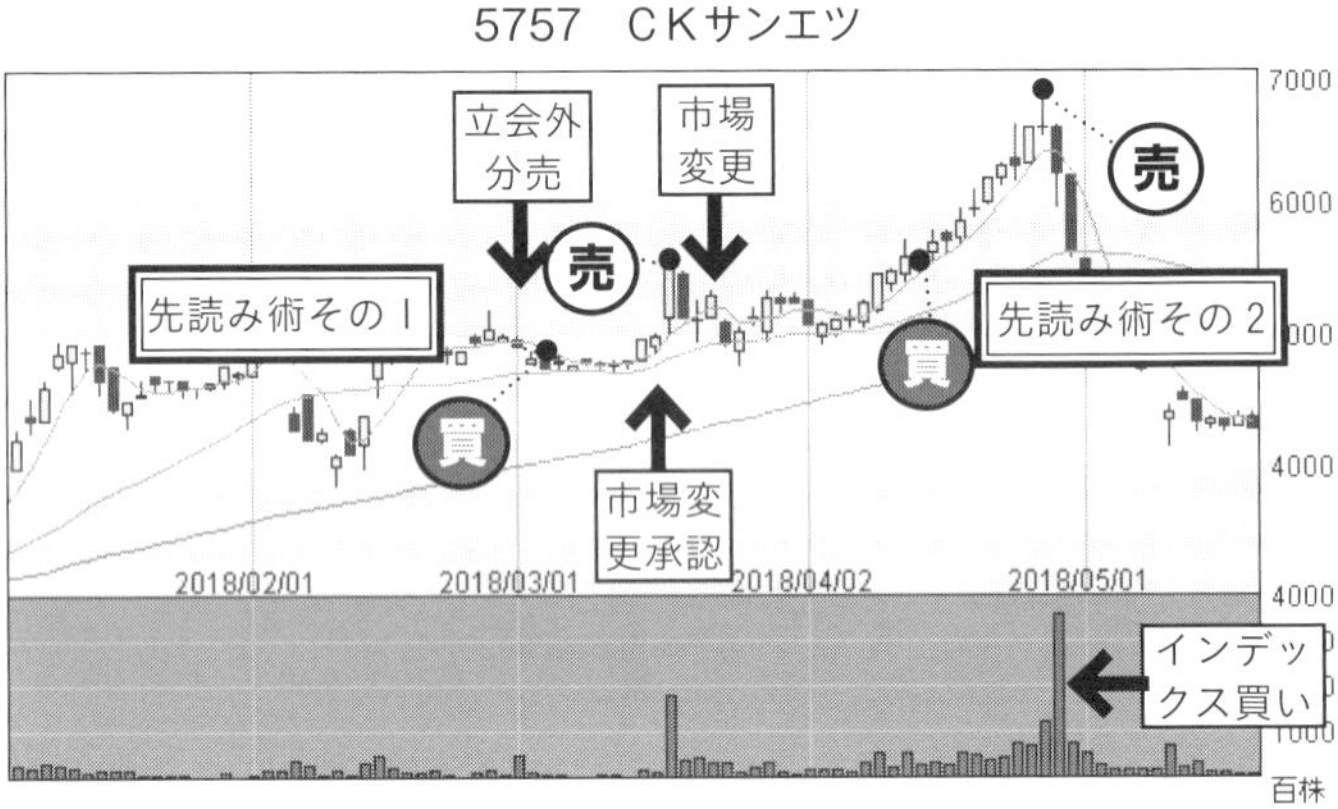

東証二部やマザーズの銘柄であること。

「ジャスダック銘柄はダメなの?」

って言われそうですね。

ジャスダックの銘柄は、東証一部へいきなり昇格するのではなく、東証二部を経ることが多いんです。

時価総額がよほど大きくない限りは、そう気にしなくても良いですよ。

立会外分売の例をお話ししましょう。

たとえば、CKサンエツ(5757)は2018年3月1日に分売を実施しました。

当時、東証二部上場の企業で、前日の2月28日に分売を告知して5万株を売り出し、申込み上限は500部でした。

その後3月15日に一部へ指定替え承認、3月22日に指定替えとなりました。

前述のヒノキヤとほぼ同じ指定替えスケジュールなので、翌4月末のインデックス買い効果に向けて4月はみるみる上がっていくのが見てとれます。

分売が告知された3月初に買っておけば、指定替え直前の高値で売り、利益を得ることができます。その後は様子を見守っておき、ヒノキヤと同様に再び上がり始めた4月2週目あたりで買えば、もう一度先読みで儲けられるのです。

週55分で、
毎週5万円
儲ける株

そうそう、IPO銘柄なら○か月後がお得ですよ

さて、将来の出世が見込まれる出世魚を卵から孵る段階で買っておく、究極の先回り買いをしたい、という人もいますよね。

というわけで新規公開株の買い方についてもお話ししておきましょう。

新規公開株（IPO）銘柄を買うには、引受証券会社＊から買わなければなりません。ですから、引受証券会社に口座を持っていないと、買えないのです。

そして、新規公開株は購入希望者が多いので、ほとんどの場合、抽選になります。当たる確率は、**ネット証券の場合、200回申し込めば1回当たるかどうかというレアケース**。

そこで、誰でも買える**公開後を狙うのが正解**です。

皆が新規公開株を狙うのは、上場して最初につく株価（初値）が、公開価格（抽選で当たっ

※いわゆる幹事会社のこと。新規公開株の募集や売り出しを担当する証券会社。

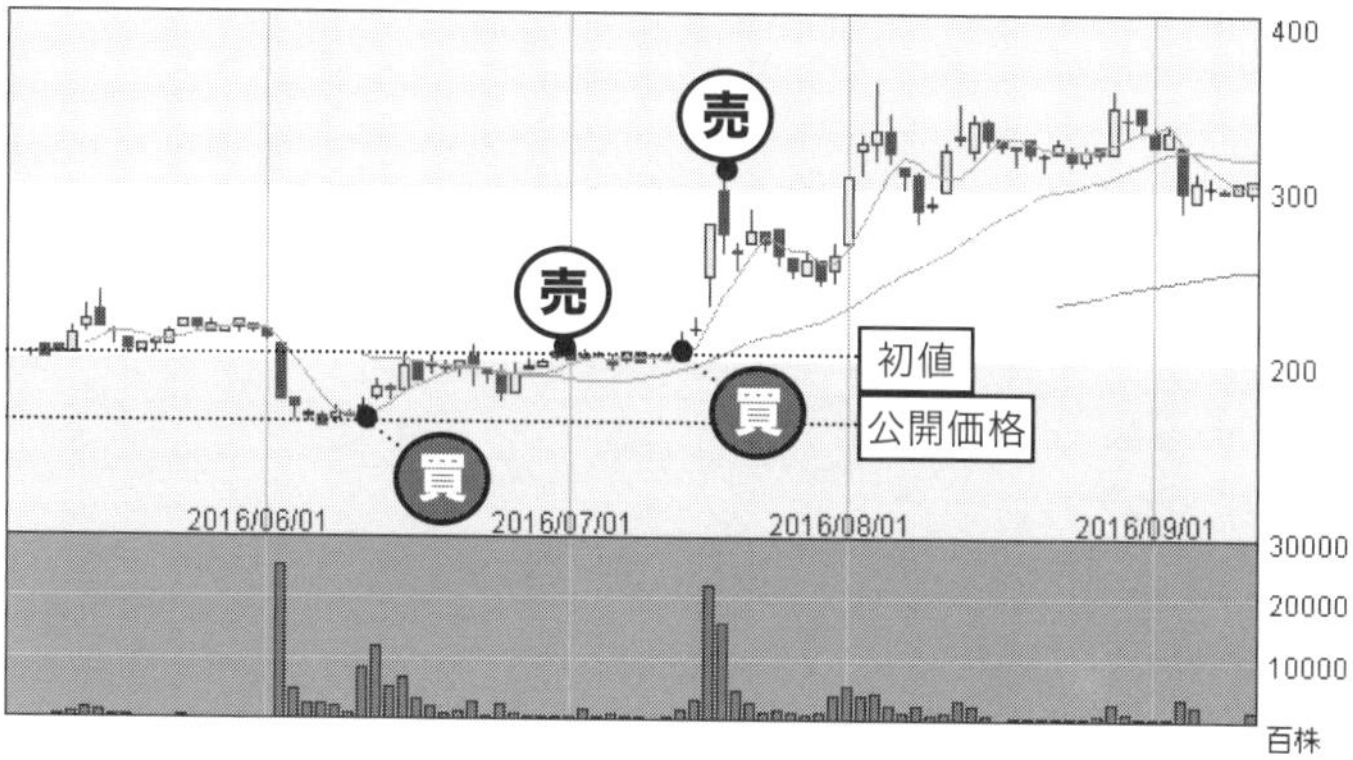

た人が買う価格）を大幅に上回るケースが多いためです。

というのも、公開価格は割安に設定されているので、ちょうど良い価格を目指して上がっていくのです（タイミングによっては、公開価格を割ってしまうこともありますが……）。

初値でドカンと上がった銘柄のうち、本来の価値よりも極端に高い値がついている場合には、すぐに売られて下がります。

しかしこの時の売りは行き過ぎてしまう傾向があるので、本当に力のある銘柄であれば再び上がってきます。

そこで、**初値で高値をつけた新規上場銘柄は、一度下がってもう一度上がり始めたところで買いましょう**。

すると、時には**初値を抜けて上がる**こともあります。

こうなったらしめたもの。「これは成長株だ」と認める

6541　グレイステクノロジー

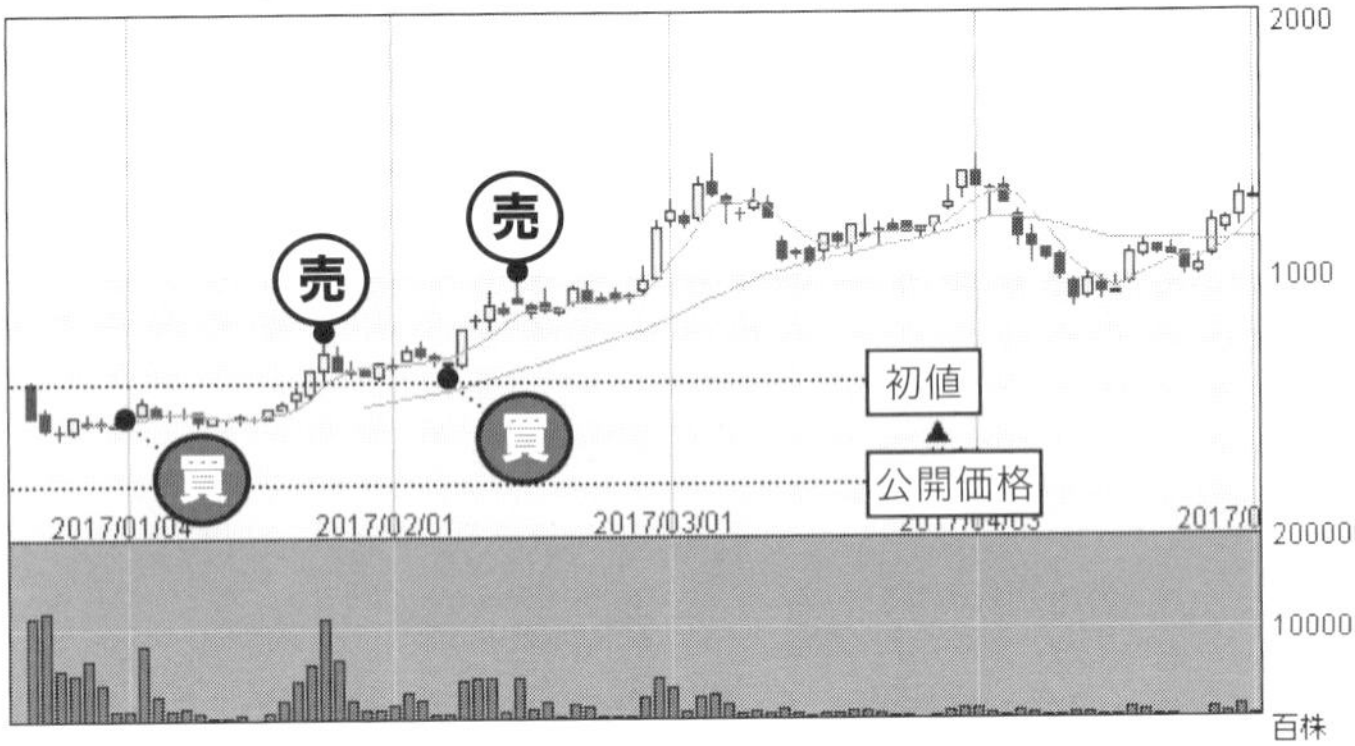

投資家が増えるので、急騰する可能性が出てきます。

ですから、**チャンスは2回。**

底を打って上がり始めた時と、初値を超えた時です。

最近では、ヨシムラ・フード・ホールディングス（2884）やグレイステクノロジー（6541）などはこうした値動きを見せました。

下がってから鳴かず飛ばずが続く銘柄もあります。

とはいえ、新規上場したばかりの会社は、成長期の子供のようなもの。

上がり出すと、それまでの低調ぶりが嘘のようにグングン上がる例はけっこうあります。

ですから、下がり切ってから早めに買ったもののなかなか上がらず、直近の安値を下回った場合は、いったん損切りしておいて、「ようやく上がったかな」と思

えるようになった時、もう一度買うと良いでしょう。

やまみ（2820）の場合は、下がり切った後、軟調が続きましたが、2017年末に初値を超えてからは一気に値を上げました。

新規公開株はさまざまな可能性を秘めているので、1週間単位で取引するのもアリだし、もう少し長めに持っておくのもアリ。あるいは、ずっと見守りながら何度も売買をくり返すのもアリです。

損切りだけは忘れずに、定期的に様子を見ながら作戦を立てていきましょう。

抽選確率を上げる方法

さて、「新規上場は抽選に当たればラッキー」とはいっても、個人投資家にとってはイベントのようなもの。

日常のスイングトレード用の資金ではなく、ゆとり資金があれば、申し込んでみる価値はあります。

抽選の当選確率を上げるためには、対面証券会社の口座を作り、ネット取引や営業担当者を通じてアピールしてみるのはひとつの方法です。

ネット口座を開く時、いろいろ作ってみることをオススメしましたが、その理由のひとつは、いろいろな証券会社の口座があれば、引受会社の口座を持つ確率も高くなるからだったのです。

初値でぶっ飛ぶ銘柄・買っちゃダメ銘柄の見分け方

そうそう、初値でぶっ飛ぶ銘柄を見つけるコツもお教えしておきますね。

目星をつけるべきは「**珍しい・小さい・少ない**」の3拍子が揃っていることです。


珍しいというのは、**事業が目新しい**ということです。

今までにないビジネスモデル、今まで上場したことがない業種、今まで見たことがない商品……　そういう「今までにないもの」には、夢があります。そして、掛け合わせるべき現実（比較対象）が誰にもわからないので、夢が何倍に膨らむのか予想がつかないのです。


また、新規上場の株は子供のようなもの。小さいうちは、末は博士か大臣か、それとも凡人か、誰にもわかりません。しかし、3歳までは神童と呼ばれた子供も、「中学に入学したらタダの人」というケースはままあります。

だから、**小さい方が、夢は大きく膨らむ**のです。

そして、株主優待術の章でもお話ししましたが、ライバルが少なければ少ないほど、株価が上がる確率は高まります。個人投資家の資金が集中するからです。

そこで、**新規上場銘柄数が少ない月が狙い目**！

ちなみに、例年、**1月**は新規上場の銘柄が少ないので、だいたいの銘柄で初値が高くつく傾向があります。他に新規上場が少ないのは**5月**。秋から年末にかけては上場する銘柄が増えます。

さらにいうと、社名にカタカナやアルファベットの入っていない、**漢字のみの会社は、かなりの確率でオススメ**できます。

というのも、最近新規上場するほとんどの社名にカタカナかアルファベットが入っていますよね。それが昨今の流行りなんです。漢字のみの社名は月に2、3社くらい。

漢字のみの社名の会社は、創業したての成長期というより、創業からそれなりに経った企業が事業の拡大を目指して上場してきたケースが多いのです。つまりは大器晩成型。

新規公開株の抽選で当たった場合に怖いのは、初値が超割高になることなんです。夢が大き過ぎて実態が伴わない割高なので、その後売るのが難しくなり、下がるとどん底まで行ってしまいがちです。

落ち着いている銘柄なら、期待が大き過ぎる心配はないので安心です。

また、普通はジャスダックやマザーズ、東証二部で新規上場しますが、大型の銘柄の場合は**いきなり東証一部に上場**することがあります。

過去では日本郵政（６１７８）、ゆうちょ銀行（７１８２）、かんぽ生命保険（７１８１）やＬＩＮＥ（３９３８）、最近ではＳＧホールディングス（佐川急便・９１４３）の上場が記憶に新しいところです。

上場と同時にＴＯＰＩＸ参入が決まっているわけですが、実際に組み込まれるのは上場翌月末の終値です。組み込まれる際には、機関投資家が自動的に買い付けることが予想されるので、**上場後１か月は堅調**を続けると見て間違いないでしょう。

逆に、避けておく方が賢明な銘柄もあります。

例えば、『トレーダーズ・ウェブ*』の注目度を見て、Ｃランクがついているような銘柄です。

そうした銘柄は、抽選で当たっても、初値がガツンと上がらない可能性があります。

※ www.traders.co.jp/　総合投資情報サイトで、レーティングやＩＰＯ情報など個々の銘柄を調べる際に便利です。

成長株の探し方

そもそものお話をしましょう。

スイングトレードの銘柄選びは、**成長株（グロース株）**と**割安株（バリュー株）**に大きく分けられ、買い方も異なります。

成長株は値動きが大きく利益が取れるので、**同じ銘柄を複数単位持つ集中投資**で、市場の状況に応じて保有数でリスクを調整しながら、**値上がりを待つ**のが有効です。この本でご紹介しているのは、主にこの方法です。

一方、**割安株**は割安の状態からいつ本来の価格に戻してくるかがわからないので、**複数の銘柄を少ない単位でいろいろ持ち**、適宜銘柄を入れ替えて、小刻みに儲けていくことが、リスクを減らして儲けを出しやすくするコツです。

大きく儲けやすいのは成長株ですが、「そこまで攻めなくても良いかな？」という人は、割安株を持って丹念にケアしながら儲けていくのも良いと思います。そういうわけで、本章で紹介した出世魚術は、まさに成長株投資の大本命。せっかくなので、将来は出世するかもしれない成長株の探し方もご紹介しておきましょう。

成長株を探すには、**売上高が伸びているの**は最低限の条件。スクリーニングの画面で「**売上高変化率**」で検索し、増収率を見ると良いでしょう。というのも、利益は企業の成長を示すものではないからです。売上高が良くて伸びる可能性があっても、設備投資や雇用によって利益減と出ることもあります。また売上高が悪くてもリストラによって利益増とすることもできます。しかし、成長中の会社であれば、売上高が伸びています。増収は正直に会社の現状を表すのです。

ではどのくらいの増収があれば良いのでしょうか。

成長株投資であれば、**最低10%の増収**が必要です。割安株を探すなら、前年より増えていれば、増収は0%でも1銘柄くらいは組み込んでも面白いと思いますが。成長株か割安株か、探す銘柄の種類によってチェックポイントは変えてくださいね。

条件検索で数十銘柄に絞ったら、そこからはチャートを見て、決めましょう。75日平均線や100日平均線をチェックして、中長期の上昇トレンドにある銘柄を見つけてください。

第7章

実戦！投資戦略

④カレンダー投資術

特定の銘柄が「必ず」動くのはこの2つ

株主優待術の章でも少しお話ししましたが、カレンダーを見て把握できるタイミングによって、特定の銘柄が動くことがあります。

中でも、**株主優待、決算発表**。

この2つのタイミングでは、必ず動くといっても過言ではないでしょう。
株主優待についてはすでにお話ししたので、ここでは決算発表での値動きと先読み術についてお話ししたいと思います。

決算発表の先読みをするには、まずは決算発表スケジュールを見ておくことが重要なポイントになります。

最低限、自分が**持っている銘柄の決算発表日時は知って、事前に手じまっておく**など対策を立てておきましょう！

毎月末になると決算発表をする企業が少しずつ増えてくるのですが、これは決算日から数えて45日以内に発表を行うという「45日ルール」があるからです。

3月末決算の場合、5月15日が45日目。そこで4月下旬から増えだして、5月14日までに3月末決算の企業の決算発表は全て終わります。

発表は、金曜日に行われることが多いです。

土日は市場がお休みなので、相場が動かず株価への影響が出にくいこと、外国人投資家も相場が動かない状況でゆっくり考えられること、多くの企業が発表するので紛れることなどが理由です。

決算発表の時刻は、たいていは市場のクローズ後ですが、たまに11時20分など、場中に発表する会社があります。

場中の発表は投資家が待ちかまえていて、株価も動きやすいので、要注意です。

決算発表後の動きを先読みする上で便利なモノサシになるのが、**四半期決算での売上高**や**営業利益**の**進捗率**です。

四半期決算というのは、３か月に一度企業が公表する決算のことです。２００３年から全上場企業に義務づけられています。

最近、年間の計画に対する売上高や営業利益の達成度合いを、四半期ごとに表す進捗率の表記が増えました。

例えば、「３Ｑ*で達成率75%を超えている」→「☀」などです。

これが株価に影響するようになってきたのですが、同時に弊害も出ています。それは、その四半期の目標が達成できずに下回った場合です。

下回る数字が出たとはいえ、この進捗率が必ずしも正確とは限りません。

なぜなら、日銭を稼ぐ商売ではなく大きなものを売る会社などは、３か月ごとに目標を達成できる業態でない場合もあるからです。

※Ｑ＝クォーター。数字＋Ｑで「第○四半期」の意味です

例えば、億ションの販売会社の年間計画が、年に3棟だった場合。3棟を四半期で割ると、当然1期は売れない期が出ます。また、繁忙期・閑散期によっては、3か月に2棟売れる場合もあるでしょう。

すると、年単位では計画通りに進んでいるにもかかわらず、進捗率だけを見て予想された業績は、大きくマイナスになったりプラスになったりとブレてしまいます。

あるいは、得意先が官公庁という会社の場合は、**3月末に駆け込み需要**が増えるケースが目立ちます。するとこの期だけ極端に売上高が上がってしまいます。

こうした現実とのズレがあるにもかかわらず、最近の株式市場では、この進捗率の影響を受けやすくなっているのです。

しかし、年間計画の数字をきれいに4つに割って正確な進捗率を出せる会社は、ほとんどないといっても良いくらいです。

ただ、各期の達成度に凹凸があるのを単純に「業績が悪い」んだと受け取られ、売られていた（株価が下がっていた）会社は、決算発表で通年の業績で「通常通りの達成度」と判断されると、評価が上がり株価も戻してくる可能性も高くなるでしょう。

つまり、事業計画をチェックし、**達成度の凹凸が弊害によるものか、それとも本当に業績が悪いのかを判断**して、前者であり割安な状態であると判断した銘柄であれば、発表後の値上がりが期待できそうです。

とはいえ、スイングトレードでは、**決算発表前後は株を持たない**のがキホン。たとえ事前の業績予想が当たったとしても、「材料出尽くし」と見なされて売られる場合もあるからです。

そこで、先回り術としては、**出遅れる銘柄を狙う**作戦が有効です。

つまり、決算発表後に「材料出尽くし」と見なされて売られた銘柄が、極端に割安な状態になってしまうと**本来の価値に戻ろうとして値上がり**することがあります。そのタイミングで、底を打って上がってきた銘柄を買うのです。

同じように「業績悪化」などで極端に下がってしまった銘柄も、本来の評価に見合わない割安であれば、底を打ってきます。同じように**反発を先読みして、少し上がり始めたところを買う**のが、業績発表の先読み術です。

3922 PR TIMES

もうひとつの注目ポイントは、時価総額が小さかった銘柄が、**100億円、300億円、500億円の時価総額へと成長**する節目です。

というのも、最近は外国人投資家が中小銘柄に注目していて、投資しやすくなる100億、300億または500億のラインを超えてくるのを待ち構えているからです。

時価総額がランクアップする時は株価が倍以上に跳ねるケースもあるので、その直前のタイミングを狙って、先回りして買っておくのは良い作戦だと思います。

例えばPR TIMES（3922）は、2016年3月末にマザーズに上場し、2017年6月に時価総額100億円のラインを上回りましたが、その後の1か月間にわたり、きれいな上昇トレンドを描きました。

年初来高値／安値銘柄から、テーマをあぶり出す

「年初来高値を更新」とは、その年になってから前日までの間につけた高値を超えたこと、「年初来安値更新」とは逆に安値を下回ったことです。

年初来高値更新は上昇トレンド、年初来安値更新は下降トレンドを示すものなので、常にチェックしておきたいものです。

ちなみに1月から3月までは、その年の期間があまりにも短過ぎるので、前年1月以降の高値ないしは安値を更新した場合に「昨年来高値更新」「昨年来安値更新」と呼ばれます。

また、高値や安値のトレンドで特に重要なのは、**直近高値もしくは安値を更新した直後**です。直近高値を超えた直後に買う、直近安値を割り込んだ直後に売る、というのは売買のセオリーのひとつになっているからです。

このトレンドが続き、ずっと**高値や安値を更新し続けている**なら、何か理由があるはずです。

直近高値や年初来高値、あるいは直近安値や年初来安値など、トレンド別に**銘柄を集めて共通点がないか探して**みてください。業種や業態などに特定のテーマが見つかるかもしれません。

関連銘柄で検索してその銘柄も上がっているようであれば、テーマがわかります。関連銘柄でわからない場合には、会社のホームページを見て事業を確かめたり、取引先や親会社・子会社、出資関係などを調べたりするのもひとつの方法です。

関連する銘柄が見つかったら、**時価総額の順番に並べて**みてください。

時価総額が小さな会社ほど、業界や業種の恩恵を受けるタイミングが遅れるので、まだ値上がりし切っていない場合があります。そこを先回りして買うのが、先読みの極意のひとつです。

2695　くらコーポレーション　（時価総額 1724.29 億）

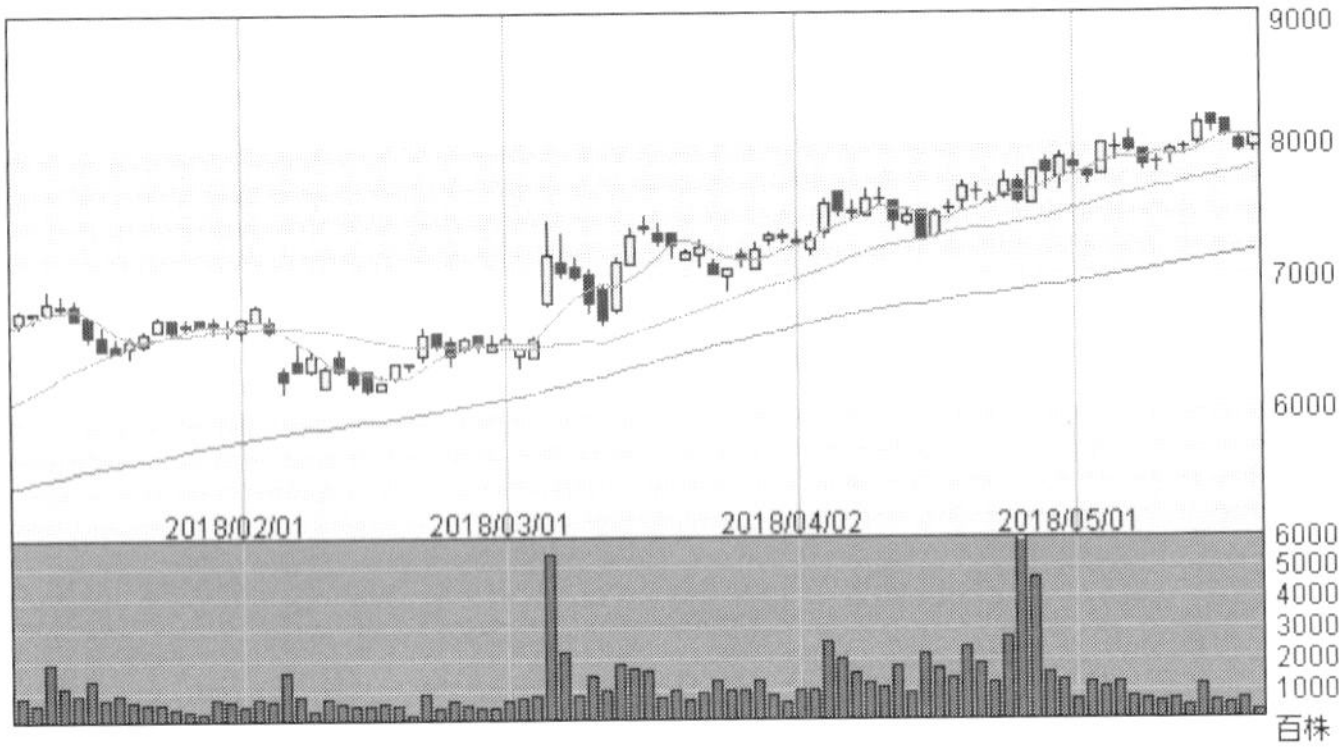

２０１８年前半は、回転ずしの企業の株価が堅調でした。

この中では、時価総額の大きいくらコーポレーション（２６９５）が先行して上げ、連日高値を更新していました。

ですから、そのタイミングでまだ出遅れていて相対的に時価総額の小さいカッパ・クリエイト（７４２１）や銚子丸（３０７５）を買っていれば、遅れて株価上昇しているところで、利益を得られたでしょう。

なお、時価総額のより大きいアトム（７４１２）が遅れて上げてきたのは、回転ずしのほかレストランや居酒屋も運営しているためだと考えられます。

※時価総額は 2018 年 5 月現在

7412 アトム （時価総額 1954.48 億）

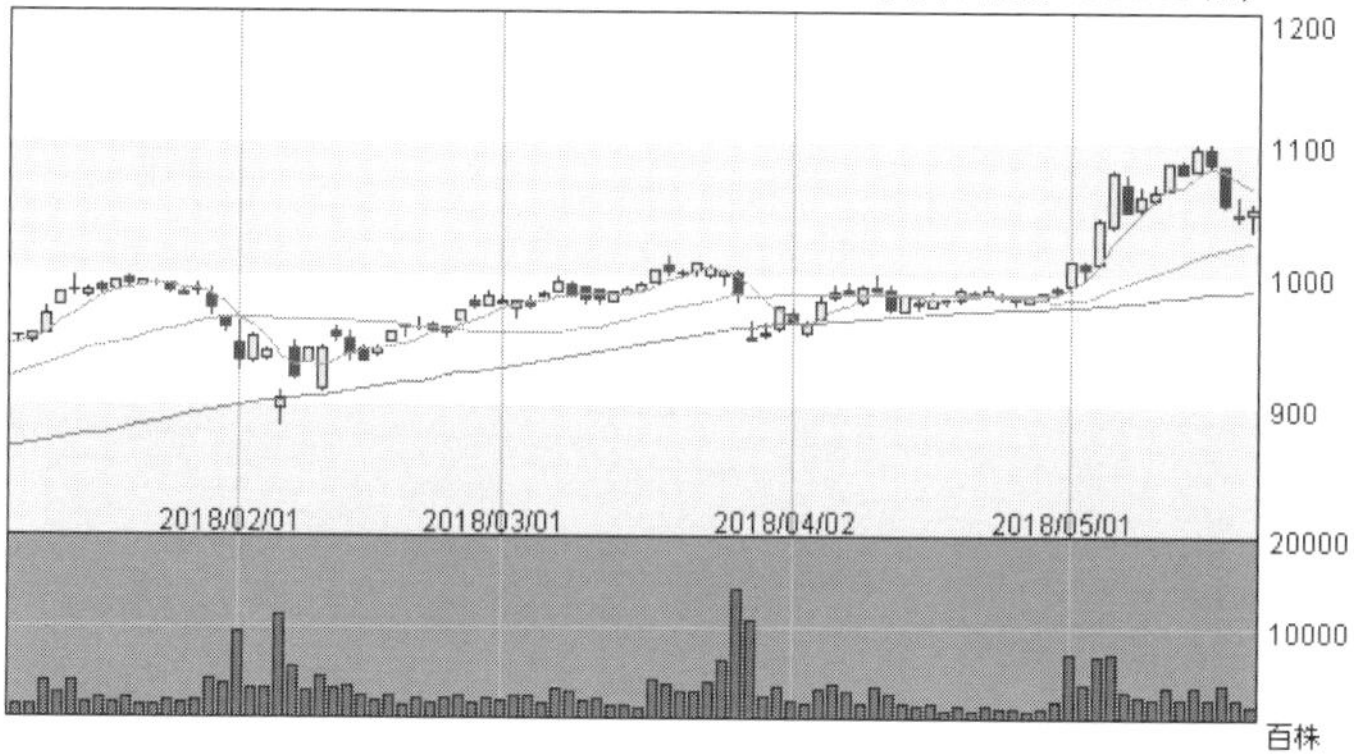

7421 カッパ・クリエイト （時価総額 696.75 億）

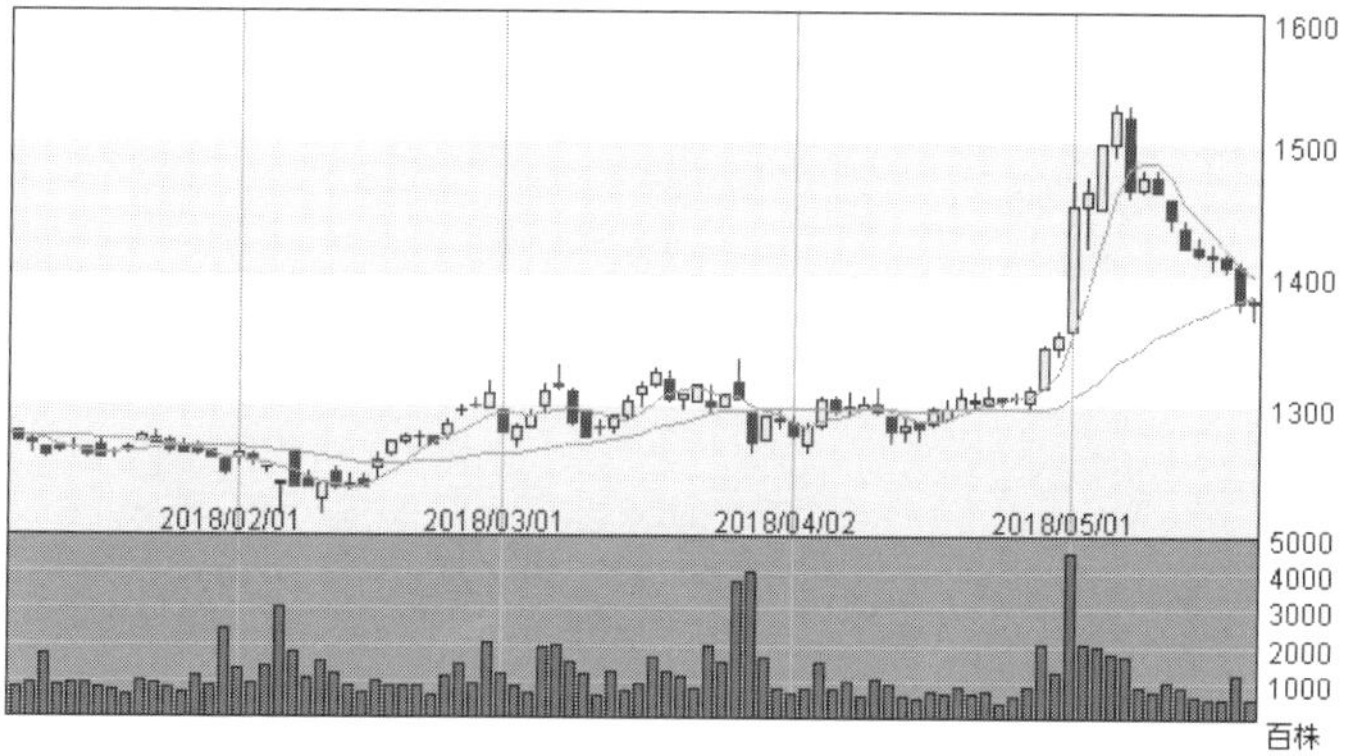

3075 銚子丸 （時価総額 154.76 億）

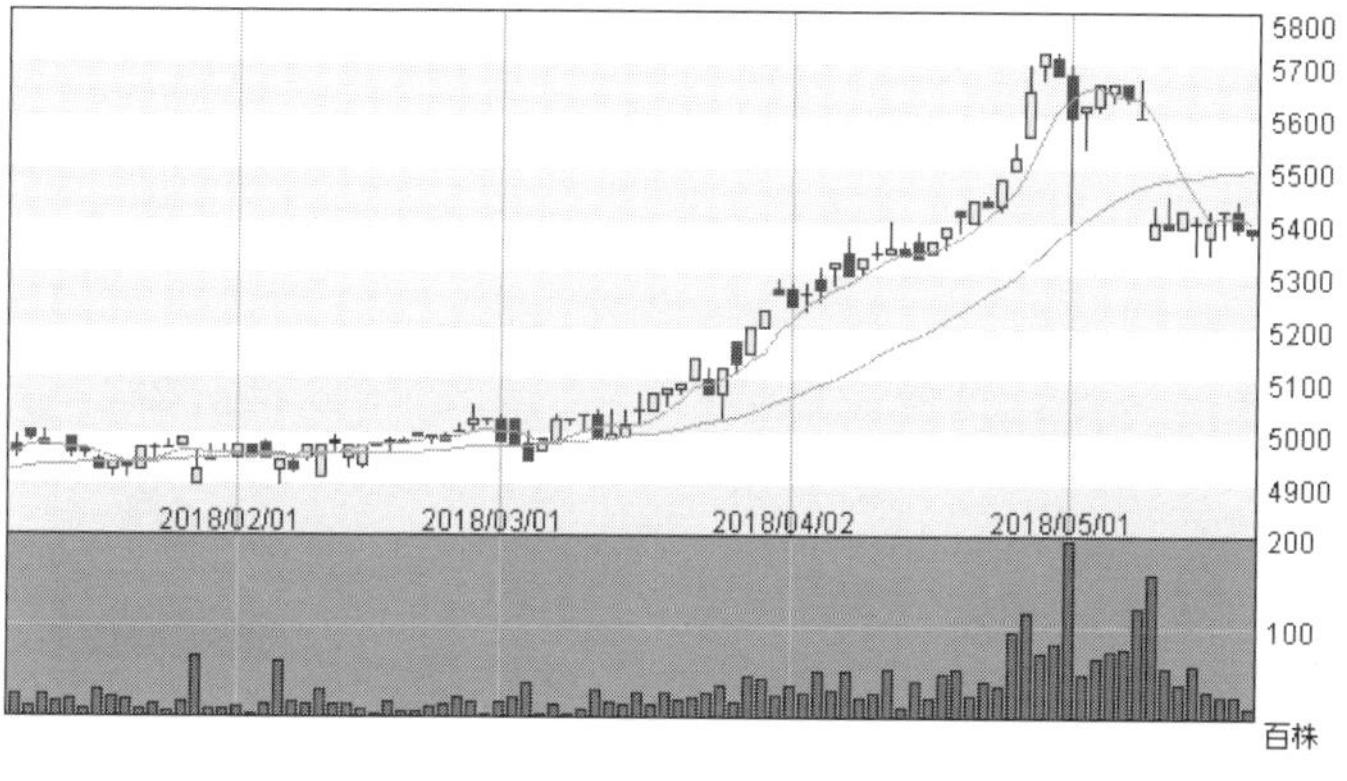

株価が上下する特異日というもの

特に明確な理論や根拠はないものの、株価が上がりやすい日、下がりやすい日という特異日があります。

アノマリーとは、明確な理論や根拠がなく、効率的市場仮説では説明のつかない、相場の経験則などをいいます。株価の特異日もアノマリーのひとつですが、「期末は上げやすい」「12月28日は上げてくる」「大発会も上がりやすい」などの特色は見られます。

こうしたアノマリーは、日経平均株価の騰落率カレンダーを見るとわかりやすいでしょう。期末や年末年始はなんとなく想像がつきますが、全くもって何の日だかわからない日に、根拠なき法則性が見られることがわかります。

日経平均株価の騰落率カレンダー

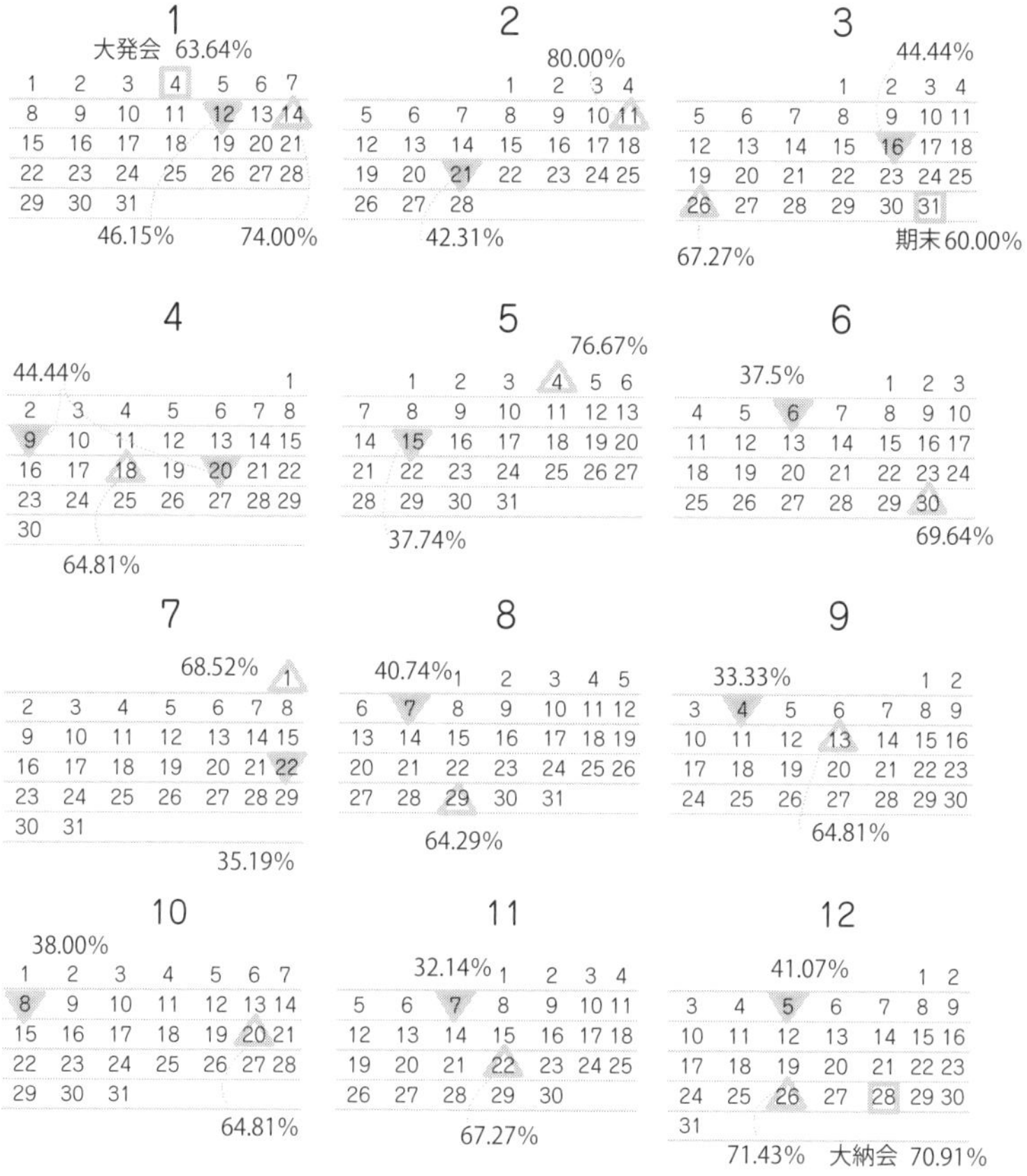

1949年からの上昇確率を計算したデータから、その月で上昇確率が一番高い日、一番低い日を示しました。

「金曜ロードショーでジブリ映画をやると下がる」はホント？

さて、アノマリーの中でも近年、都市伝説的に注目を集めているのが、**「ジブリの呪い」**です。これは、

毎週金曜21時からの日本テレビ「金曜ロードショー」で、スタジオジブリの作品を放映すると、ドル安円高・日本株下落！

というもの。

2006年頃からおもしろおかしく話題にされるようになり、実際に2013年8月2日の『天空の城ラピュタ』放映時には、翌月曜日に240円下がってアメリカの新聞にも注目されたのですが、タネを明かせば簡単な話。

実はアメリカの**雇用統計が、日本時間の夜遅くに（夏時間・冬時間で異なります）発表されるから**なのです。

日経平均株価

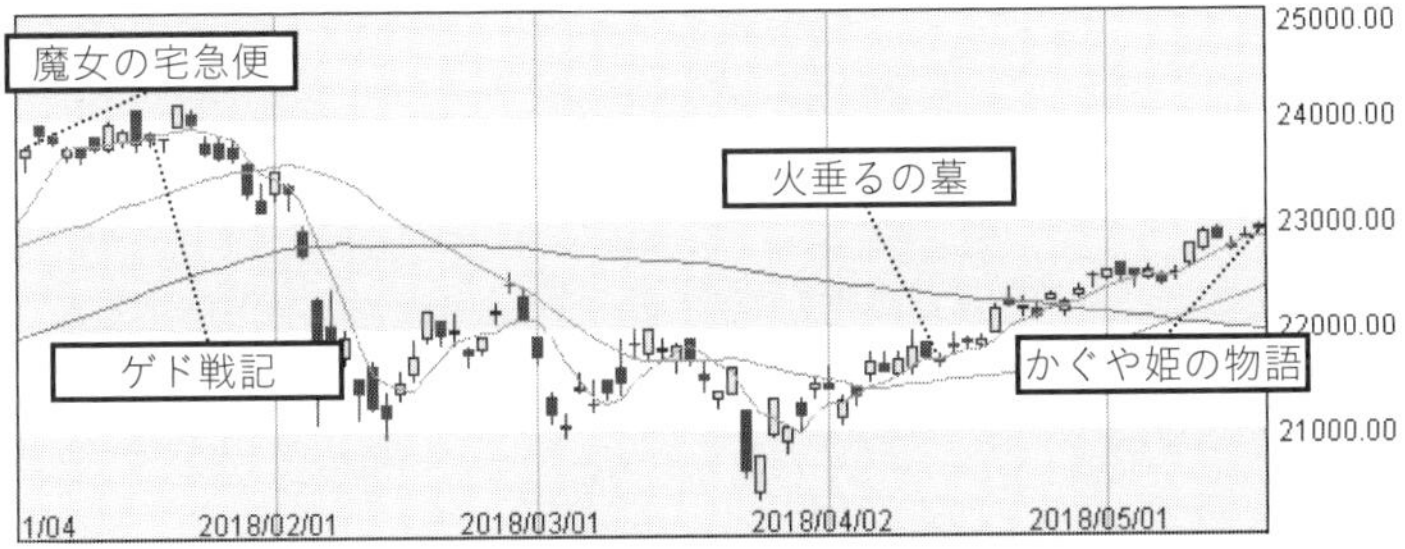

2018年度金曜ロードショー放映日。
なお、呪いがかかるのは当日ではなく翌週月曜（もしくは火曜）の株価です。

雇用統計は投資家の注目を集めるので、結果次第ではドル安円高に大きく動くことも珍しくありません。とはいっても、近年はあまり目立った値動きを見せていませんが……

円高は輸出産業には大きな影響を与えますから、翌週の寄付の日経平均やＴＯＰＩＸにもそれなりの影響を与えます。

もうひとつ、日本の事情も考えるなら、ジブリ作品放映の翌週月曜日は「ハッピーマンデー」制度で休日になるケースもあります。すると、３連休明けの火曜日には、株価が大きく動く傾向があるのです。

まあ「呪い」ではないにしても、特定の動きをするケースが多いのですから、「当たっている」と言っても構わないかもしれません。

とはいえ、連休前後は相場が大きく動いて、動きを読みにくいかもしれません。

そこで、個人投資家の皆さんは**「三連休前後はトレードを休む」**のも作戦のひとつです。特に初心者の間は、「良くわからない時は休む」のが非常に成功率の高い作戦になります。

というのも、機関投資家は仕事で運用しているので、休めません。運用し続けなければなりません。

でも、個人投資家は自分の都合でいつでも休めます。「休める」ことは、機関投資家に対する強みでもあるのです。そこで、自分の強みとして「休むという選択肢を持つ」ことが、勝率を上げる秘訣にもなります。

さて呪いつながりでもうひとつ。**「13日の金曜日」**というアノマリーもあります。

1年間に数回ある13日の金曜日。この日に必ず動く銘柄があるのです。皆さんも考えてみてくださいね。

映画『13日の金曜日』といえば……？

そう、殺人鬼ジェイソンです。

というわけで、低価格の小売店チェーンであるジェーソン（3080）が買われちゃう

3080 ジェーソン

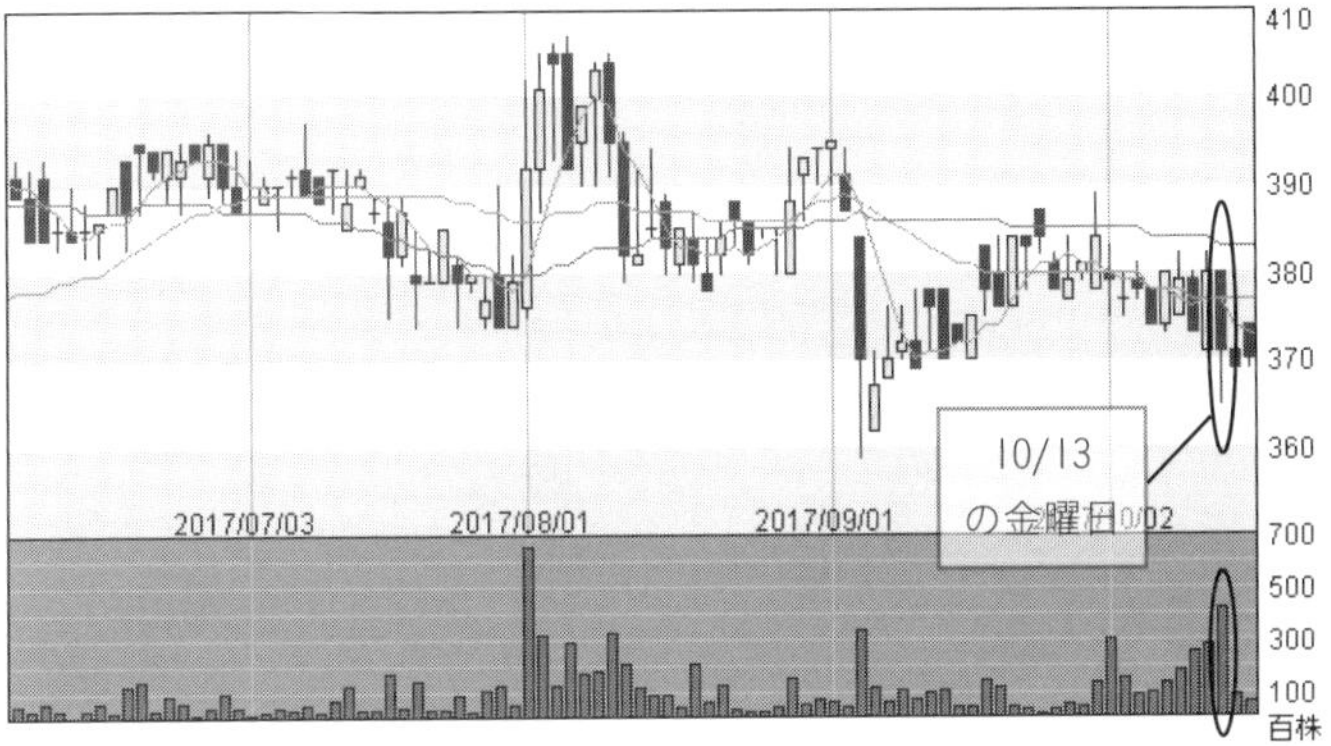

んですね。最近は２０１７年10月が13日の金曜日でした。

そろそろこのアノマリーに個人投資家の皆さんも飽きてきたのか、最近ではあまり値が動かなくなってきました。この日もそう上がったわけではありませんが、出来高が前日のなんと１・５倍。しかも10月に入ってから出来高はガツンと増えているので、カレンダーをめくって「お、10月は13日の金曜日か……」と気づいた人たちに買われている可能性もありますね。

他にも、事業には全く関係がないのに、イベントや出来事をイメージさせる社名で買われる銘柄というものがあります。例えば、オリンピックで金メダルをとった選手の名前に似た社名などです。

実際に買うかどうかは別として、そうしたネタを探して値動きを検証してみるのも株式投資を楽しく学ぶ方法のひとつですよ。

月末の日経新聞、ココを見て

アノマリーではなく、れっきとした根拠がありますが、日経新聞の記事がカレンダーの役割を果たすようなケースもあります。

それが、月末の朝刊です。というのも、この日は日経新聞の名物連載**『私の履歴書』**の**最終日**だからです。

『私の履歴書』は、文化人や政治家から経営者まで、国内外の名士の語り下ろし自伝のようなものです。日経という媒体の特色から、経営者が半分ほどを占めます。掲載期間は1か月。連載中に不祥事や悪いニュースが発覚しては困りますので、クリーンで経営者であれば会社の事業や業績も好調な人が選ばれます。

で、毎月最終日に何が起こるのかといえば、翌月の予告、つまり次の登場人物が明かさ

8697 日本取引所グループ

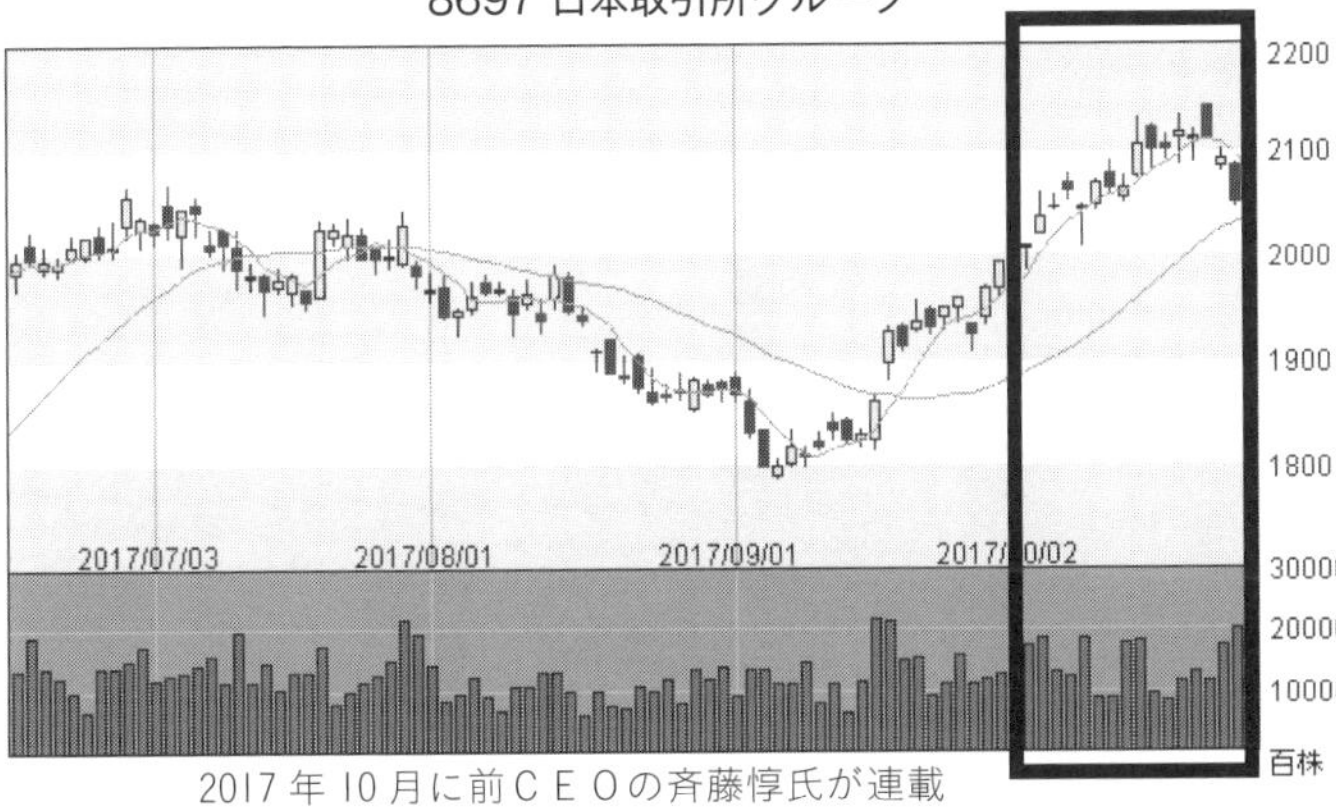

2017 年 10 月に前ＣＥＯの斉藤惇氏が連載

9202　ＡＮＡホールディングス

2017 年 4 月に相談役の大橋洋治氏が連載

4661　オリエンタルランド

2017 年 5 月に会長兼ＣＥＯの加賀見俊夫氏が連載

れるのです。

経営者であれば、その会社は良好な状況だと日経新聞のお墨付きを得たも同然。そこで株価が上がるというわけです。

連載期間中は堅調が続くことも多いので、資金にゆとりがある人は発表後すぐに買っておき、1か月間様子を見ながら保有してみるのも良いと思います。

さて、「私の履歴書」に登場するような大型株ではなく、新興銘柄でのスイングトレードを狙う読者の皆さんには1か月もの大型連載ではありませんが、全3回や前後編の短めの**特集連載**の方がオススメです。

こうした連載が、登場する銘柄にとって好材料と受け取られれば、連載初回に登場した銘柄が上がり、さらに次回からも上がるという傾向が見られます。

とはいっても、記事に出たところを買うのでは、寄付に飛びついて結局高値でつかみ、後はひたすら下がってしまうことも珍しくありません。

そこで、**2匹目、3匹目のドジョウ**を狙いましょう。

2匹目、3匹目のドジョウはどこにいるかといえば、同じ柳の下。つまり、**掲載された銘柄と同じ業界**にいます。

掲載された銘柄の業界内全体にとって好材料の話題であれば、少し遅れて業界内の他の銘柄にも恩恵があるのです。

そこで、掲載された銘柄が上がるのを横目で見ながら、業界内の他の銘柄や関連銘柄に目星をつけて、先回りして買うのが、この場合の正しい先読み術です。

週55分で、
毎週5万円
儲ける株

藤本のカレンダー別銘柄戦術

毎年恒例のイベントや起きる出来事、数年に一度のイベントのカレンダーを見ながら先読みしてみましょう。

季節性がある銘柄や大きなイベントなどについては、その時々に応じて似たような銘柄がないか、探してみてください。

1月

年初は、年末の新規公開ラッシュで埋もれた銘柄に期待ができるタイミングです。大型株は敬遠し、直近上場したばかりの2部・ジャスダック銘柄に注目してみましょう。

ＩＧポート（3791）

アニメ制作と版権収入がメインビジネスなので、３月のアニメイベントに向けて先回りを。

中本パックス（7811）

コンビニ弁当容器のフィルム印刷が好調で、高配当の銘柄です。２月決算のため株主優待・配当の権利確定日に備えて先回りを。

2月

２月からは、その年の新規公開が本格的に始まります。何が何でも新年一発目に上場しようという銘柄は要注目です。その後も、新規公開銘柄に投機資金が集中しやすい時期となっています。また、３月決算銘柄の第３四半期の決算発表が本格化するので、中間決算で進捗率が高い、上方修正期待銘柄に注目する時期でもあります。

三晃金属工業（1972）

アニメ制作と版権収入がメインビジネスなので、３月のアニメイベントに向けて先回りを。

3月

３月期決算企業の決算期末で、株主優待も最多の権利確定月です。決算期末に関わる株価変動に注意が必要です。高配当利回り・人気の株主優待銘柄については、権利前に株価が上がったところで売却する先読み術を使っていきましょう。年度末の公共投資期待で、建設株にも注目できるタイミングです。また４月末に権利確定日を迎える銘柄は少ないので先回りして３月中に仕込んでおきましょう。

アイ・ケイ・ケイ（2198）

地方中核都市でゲストハウスウェディングを運営していますが、４月末権利確定の株主優待は銘柄数が少ないので、自社特選のお菓子がもらえることで人気を集めています。優待先読み術を使いましょう。

前田建設工業（1824）

東証１部に上場の土木に強みを持つ総合建設会社のため、新年度の公共投資拡大に期待して、小型・中型の関連銘柄を探してみましょう。

4月

新年度開始にあたっては、昨年度に株価が大幅上昇して、その利食いで先月末にかけて押された銘柄があれば、短期的なリバウンドに期待できるタイミングです。

また、毎年５月・６月に開催されることの多いバイオ株祭りに先んじて仕込むのも良さそうです。

ペプチドリーム（4587）

東証１部で時価総額首位のバイオベンチャーの主力銘柄。

大成建設（1801）

建設株で時価総額TOP、新年度入りで景気対策期待もできそうです。大成建設が上がり始めたら、小型・中型の関連銘柄が上がる前に先回りして仕込んでおきましょう。

日本毛織（3201）

羊毛紡織大手ながら、利益の柱は実は不動産賃貸。住宅や引っ越し関連銘柄とは気付かれにくいので、遅れて値上がりします。５月に中間配当・クオカード優待があることで人気があり、年度末〜新年度の不動産需要にも期待できそうです。

5月

３月期決算銘柄の決算発表がいよいよ本番。決算発表によって大きくぶれるので、博打を避けて決算前の売却がオススメです。

また猛暑関連の銘柄もこの時期に先回りして仕込んでおきましょう。

日本マクドナルドＨＤ(2702)

６月末権利確定の株主優待で値上がりするおなじみの銘柄。仕込むなら遅くても５月中に。

四国化成工業（4099）

プール用塩素剤を製造している、猛暑関連銘柄の一つです。猛暑銘柄は６月までに高値をつけてしまうので、先読みをするなら早めに仕込んでおきましょう。

因幡電機産業（9934）

エアコン配管資材を自社生産している電設資材の専門商社。猛暑の予想が出たら、猛暑関連銘柄は５月のうちに仕込み、夏が来る前の高値で売りにげましょう。猛暑関連としてはワンテンポ遅れるので、先回りしやすいです。

6月

ボーナス月でもあり、株式投信の設定ではテーマ関連が多いため、テーマ株物色が盛り上がる可能性が高そうです。

また、7月に権利確定する株主優待銘柄は少ないので、6月中に仕込んでおきましょう。

鳥貴族（3193）

280円均一焼き鳥店「鳥貴族」を運営。7月末権利確定の株主優待があるほかに、猛暑によるビールの売り上げアップで業績アップが期待できるかもしれません。

ダイドーグループHD（2590）

自動販売機が主力の飲料メーカーでM&Aの花嫁候補として要注目。買われた時が上がり時です。7月末権利確定の優待では自社グループ製品のプレゼントがあり、夏季とあって人気です。

7月

前半は、３月期決算企業の本決算発表後の機関投資家の銘柄入れ替えが終わり、材料難の展開になります。

後半は第一四半期の決算発表が始まります。

８月・９月は下落相場が多いので、「利食い千人力」（適度なところで利益を確定させるのが賢明）という相場格言を勧めます。

吉野家ＨＤ(9861)

８月末権利確定の株主優待で「牛丼　吉野家」の飲食券が人気。優待先読み術が有効です。

壱番屋（7630）

８月末権利確定の株主優待でカレーハウス「CoCo壱番屋」の飲食券が人気。優待先読み術が有効です。

8月

毎年、サマーラリーが期待されますが、ほとんど期待外れで下落相場となりやすく、大型株は手を出しにくいことが多いです。

中・小型株の材料株物色が続きそう。

もし猛暑なら翌春のスギ花粉飛散量が多くなることが知られているので、花粉症関連銘柄の仕込み場です。

はせがわ（8230）

お仏壇のはせがわで有名な仏具大手。

お盆やお彼岸のイメージも。

8月末権利確定の株主優待での九州特産品が人気。

UUUM（3990）

YouTuber 中心のマネジメント事業。2017 年 8 月東証マザーズに新規上場。
これまでになかった業態なので、今後の成長に注目です。

ダイワボウＨＤ(3107)

IT インフラ流通事業でマスク事業も。マスク事業の比率は低いものの、過去のイメージで花粉症関連銘柄に。８月が猛暑の場合、翌春のスギ花粉飛散量が多くなると予想されるので、予想が発表される前に先回りして仕込みましょう。

9月

年末にかけてのリバウンド相場を期待して、大型株を安値圏で仕込むタイミングです。

優待の権利確定銘柄が少ない 10 月に向けた仕込みタイミングでもあります。

東京ゲームショーが開催される時期なので、ゲーム関連銘柄も盛り上がります。また､全般軟調相場の中では､低位株の材料銘柄が物色される可能性も高くなります。

燦キャピタルマネージメント（2134）

バイオマス発電燃料に注力している投資会社ですが、低位株で個人投資家に人気があります。

サトウ食品工業（2923）

10 月末権利確定の株主優待で、「サトウの切り餅」などの自社商品（餅・米飯）の詰め合わせに人気があります

任天堂（7974）

世界最大のゲーム機・ソフト会社。専用機ニンテンドースイッチが大ヒットしたので、ゲームショウ関連でも期待できそうです。

部品メーカーや同機ソフト開発などの関連銘柄の仕込みは早めに。

10月

後半からは、３月期決算企業の中間決算発表が始まり上方修正、下方修正発表などで、株価の大幅変動もあり得ます。10月21日気象庁発表の３カ月予想発表の状況次第では、暖房機器などの厳冬関連銘柄に注目も。

コロナ（5909）

石油暖房機器の最大手企業。厳冬であれば、暖房機器の売り上げ増が期待できる厳冬銘柄です。長期予想発表前に、早めに仕込んでおきましょう。

テーオーＨＤ（9812）

北海道地盤で木材、流通、住宅が３本柱の企業。11月末権利確定の株主優待でクオカードをもらえるので、優待狙いの個人投資家に人気があります。

日本フイルコン（5942）

製紙製造用の抄紙網など各種フィルター専業企業ですが、11月末権利確定の株主優待でワイン１本などがもらえ、写真付きでIRページに掲載されているので優待狙いの個人投資家に人気があります。

11月

前半は３月期決算企業の中間決算発表があり、終了後、外国人・機関投資家のリバランスで相場変動する可能性が。「45日前告知ルール」により、ヘッジファンドの解約は年末決算に向けてこの時期に集中します。解約が多いと、株価好調銘柄の下落や、不調銘柄の上昇のリターンといったリバーサルの動きもあり得ます。

ハピネット（7552）

バンダイ傘下の玩具卸の最大手企業。最需要期の年末・年始前が仕込み場です。

サムシングＨＤ（1408）

地盤改良工事および地盤保証企業ですが、12月末権利確定の株主優待でおこめ券がもらえ人気です。

きちり（3082）

高級居酒屋『ＫＩＣＨＩＲＩ』が主力の外食企業。12月末権利確定の株主優待で飲食券がもらえ人気です。

12月

月初は大型株が上昇しますが、月半ばからはクリスマス休暇控えで大型株は上値が重い一方で、餅代稼ぎ相場で、材料株と新規公開IPOラッシュにより新興市場が盛り上がりそうです。

モロゾフ（2217）

チョコ、洋菓子の老舗企業で、1月末権利確定の株主優待と2月バレンタインデーのタイミングに向けて、この時期から仕込みを。

中山福（7442）

家庭用品の卸大手。年末競馬の有馬記念は中山競馬場で開催されることから「中山で福来る」で買われやすい銘柄です。

ベステラ（1433）

プラント解体工事マネジメント会社。権利確定銘柄数が少ない1月末権利確定の株主優待でクオカードがもらえるため、先回りを。

優待利回りに期待する優待狙いの個人投資家に人気です。

第8章

実戦！投資戦略
⑤社長見きわめ術

社長が株価を決める

スイングトレードでは、2つの基本的な銘柄戦略があります。

ひとつはイベントやニュースに即した過去の事例から、半歩先読みをする方法。そしてもうひとつの方法は経営者から成長性を見きわめて先読みする方法です。

本章では、経営者から成長性を見きわめる先読み術について説明しましょう。

これは、候補銘柄を探す時や、1週間以上ポジションを持つ銘柄を探す時にも、判断の役に立ちます。

上場企業を個人投資家の目線で分類すると、ふた通りに分けることができます。

ひとつは大企業、もうひとつは新興企業です。

本書では、時価総額*が300億円未満か、JASDAQ《ジャスダック》、マザーズ、名証セントレックス、

* 株価×発行済み株数。企業の規模を表す。

札幌アンビシャス、Qボード（福岡）の新興市場に上場している会社を、ざっくりと**新興企業**と呼びます。

さて皆さん、「上場企業の社長さん」と聞いて、誰を思い浮かべますか？

ソフトバンク（9984）の孫正義さん？

楽天（4755）の三木谷浩史さん？

ユニクロ（ファーストリテイリング＝9983）の柳井正さん？

はい、確かに有名ですね。

でも、彼らは「一部の例外」なんです。

現在上場して歴史のある大企業の経営者のほとんどは、創業社長ではありません。

大半が出世街道を突き進んできたサラリーマン社長で取締執行役なので、影響力はあまり大きくないのです。

また、本来は資本と経営が分離されるのが企業経営の原則なので、それが本来の経営者の姿です。

一方、新興市場に上場している企業の大部分は、創業してせいぜい十数年の企業です。

こうした**新興企業の株価は、「社長次第」**と言っても過言でありません。

なぜなら、創業者（資本者）が現在も社長を務めていて、経営の決定権者であることが多いからです。

しかも、従業員の生活も自分の資産もかかっている創業経営者は、一年365日24時間、休むことなくずっと経営のことを考え続けています。完全に仕事のことを忘れ去る人はいないし、それでは上場なんてとてもじゃないけれどできなかったでしょう。

そこが、給料をもらって経営しているサラリーマン社長とは違うのです。

だからこそ、会社へのそもそもの影響力が大きいし、上場企業の重要事項は株主総会で決めるとはいえ、自社株を半分以上持っていれば、経営者自身でほぼなんでも決められます。

当然、経営を決める人が優秀なら会社がますます成長するし、そうでなければ伸び悩むだろうと考えられます。

もうひとつの観点として、創業社長が上場をゴールと捉えているか、スタートと捉えているかの違いもあります。

じつは新興市場に上場した社長さんは、上場までは並大抵じゃない努力をしているのに、上場して満足してしまう人がけっこう多いんです。ですからそれ以上の伸びは、経営者本人がそこまで期待していません。

でも、上場をスタートだと捉えている社長が次に考えるのは、「会社をもっと大きくしたい」「そのためには株価を上げたい」ということです。

その意欲が経営に反映されていきますから、成長性にも期待できるというわけです。

株価を上げたい経営者は「出たがり」

では、「株価を上げたい」という意欲を持っている経営者はどうやって見分ければ良いのでしょう?

それには、社長の肉声を聴くというのが一番です。

個人投資家向け会社説明会や株関連テレビやラジオ番組・ウェブサイトの動画への出演など、超有名企業でなくても、社長の肉声を聴く機会は案外あります。

銘柄を探す候補として、**番組や説明会などで自らしゃべる新興企業の社長には注目**しておき、話の内容に納得できれば、買いの候補としておくと良いでしょう。

「単なる出たがりの社長じゃないの?」

もちろん出たがりの人もいるでしょうが、それだけが動機ではありません。

なぜなら、**ＩＲ番組に出演する企業は、社長自身が「ウチの株価は割安だ」「もっと上がるのが当然」と思っているん**です。

どんなに出たがりの社長でも、会社の調子が悪い時は、ほとんど出てきません。

私自身、長年ラジオで社長にインタビューをする番組を担当していますが、その経験からも出演を断られる時には、ロクなことが起こらないと学んでいます。

出たがり社長は、良い材料をたくさん持って来て、番組でどんどんしゃべります。

株番組で社長が胸を張って話せるのは、結局、調子の良い時や自信がある時なのです。

ですから、番組出演後、たいていの場合株価は堅調です。

経営者がＩＲや投資家向けの広報に積極的かどうか。

これは、その後の株価と照らし合わせた上での確率論としても信頼できるし、実際に積極的な会社は業績も好調な場合がほとんどです。

ちなみに執筆時現在、私藤本は、ラジオＮＩＫＫＥＩで上場企業の社長のインタビュー番組を３本担当しています。

これまでに取り上げた新興企業は２００社以上。良い銘柄なら大体は登場しています。

ポッドキャストなどで過去に遡って社長の話を聞

この番組では、私が企業の概要を説明し、社長さんに４つの質問をしています。
定型の質問は１つで、成長戦略。そして、企業ごとに異なる質問を３つ。ここでは個人投資家が聞きたいこと、会社が個人投資家に話したいことを質問するので、誰が聞いてもわかりやすいはずです。

ラジオ NIKKEI 第１『この企業に注目！相場の福の神』
http://market.radionikkei.jp/fukunokami/

き、納得した企業があれば、候補銘柄としてストックしておくと良いと思います。

こうした社長の声を聴く時は、

「この社長良い人やん！」

「この社長の言うことは信じたいな」

「このビジネスモデルはアリだな」

「社長の言ってることが難し過ぎてようわからん」

「このビジネスは判断つかない」

「なんだかわからないけどすごそう」

……など、自分自身の感覚を大切にしてください。

社長自身の言葉が、そのビジネスの可能性や社長のリーダーシップをそのまま表現していると思って良いからです。

毎週聞けなくても、ポッドキャストや番組ホームページでどの企業が出ているか確認し、出た会社をチェックしておくと良いでしょう。

大体が調子の良い会社なので、一時的に株価が下がることがあっても、また戻してきます。

というのも、番組を聞いてすぐ買う人もいるのですぐ上がるのですが、それは瞬間風速の追い風なので、その後結構な頻度ですぐ下がります。でも、成長性がある会社なので、もう一度上がったらずっと上がっていきます。

「番組直後にピューッと上がる」のを買って、利益が出たら売ってしまっても良いですが、「一度下がるのを待って、また上がり始めたところで買う」方が、伸びが期待できますよ。

また、市場全体の暴落にも強いことが多いです。下がっている局面でも影響を受けにくい、つまり投資家は成長力に期待して買っているので、手放さないから株価があまり下がりません。

社長を見きわめる①企業ウェブサイト

経営者の方針は、企業のウェブサイトでもチェックできます。

チェックポイントその一はやはり、社長が前面に出てきているかどうかです。**ウェブサイトに「社長の言葉」が写真と一緒に載っているか、略歴が書いてあるか**はすごく重要なポイントです。

載っている写真が良い写真かどうかも見てください。

カメラマンの好みとはいえ、よくある腕組み姿はあまり良い写真じゃないなと思います。ラーメン屋の店長みたいですよね。

また社長だけでなく、役員も顔写真と経歴くらいは載せておいてほしいところです。特に社外取締役の素性は、個人投資家には良くわかりませんから、経歴が載っていると判断基準になりますし。

私藤本が良いなと思う典型的な企業サイトは、アトラエ（6194）。

この会社は、上場してからめちゃくちゃ株価が上がったんですが、このサイトを見ると、競合他社が人材を引き抜こうとする場合、担当者名や、組織もわかります。引き抜かれない自信があるからこそ、公開しているのでしょう。

こうしたサイトを作るには、お金も手間もかかりますが、社長のメッセージや社名の由来、会社のサービスが誰にでも良く伝わります。ウェブの使いやすさも良い。素晴らしいと思います。

上場企業では当たり前のことのようですが、実際

社員41名全員の顔写真と、「将来の夢」や「ワクワクしていること」などが載っています。
もちろん、社長も夢と仕事のこだわりについて語っています。

アトラエのWebサイト
https://atrae.co.jp/

にはちゃんとやっている会社と、全然やっていない会社があるものです。どんなにオシャレなサイトであっても、「会社概要」へ行くまでは企業の情報が全然出ていなくて、IRページにもたどり着きにくい。

情報量が少ない。

会社概要のカンパニープロフィールに企業の沿革は出ていても社長のメッセージがない。

そういう企業サイトはどうなのかな、と首を捻りたくなります。

また、**IRページ**そのもののチェックをするなら、**決算説明資料**を見てみましょう。とにかく数字が並ぶ有価証券報告書よりも、見やすいからです。

見るのは、「**目標**」に関する項。

ここを見れば、会社の体質が良くわかります。

目標の内容を吟味することも大事ですが、「わかりやすい」「わかりにくい」など自分の感覚で判断してください。

Atræ
決算説明資料
FY2017
from Oct.2016 to Sep.2017

Our Vision
世界中の人々を
魅了する会社を創る
全ての社員が誇りを持てる組織と事業の創造にこだわり、
関わる人々がファンとして応援したくなるような魅力ある会社であり続けます
そして日本を代表するグローバルカンパニーとして、
世界中の人々から必要とされる存在を目指します

社長を見きわめる②社長の名前で検索する

新興企業の場合、会社を見きわめるというのは、社長を見きわめることとイコールです。

それなら、**社長の名前でネット検索しちゃう**というのもひとつの方法です。

ブログや、Twitter や Facebook などのSNSは、ベンチャーの社長なら大体はやっています。というか、やっていてほしいと思います。なぜなら、社長が何かしらの発信をするということは、社長自ら会社の知名度を上げる努力をしているということだからです。

日本社会にはまだ、「良いものを作ったら売れる」という根性信仰のメンタリティが根強く残っています。しかし本当は、良いマーケティングがなければ商品は売れません。

「現在の株価をどう思いますか？」と経営者に質問する時、優等生的な答えは

「マーケットが決めることなので、我が社は業績を良くすることに注力します」というようなものでしょう。

トヨタやキヤノン、ソフトバンクなど、知名度がある企業なら、業績が良くなれば自動的に株も買われるので、この回答で良いんです。でも、新興企業の多くは、個人投資家はおろか機関投資家にすら、良く知られていません。

話がちょっと横道にそれますが、大事なポイントなので詳しくお話しすると、**機関投資家が運用の対象とするのは最低限時価総額100億円以上の銘柄**です。

株式の保有には「5％ルール」という報告義務があり、時価総額の5％を超える株主は公表されます。100億円の5％といったら5億円ですね。

でも、投資信託などで運用する場合は、それ以上の金額でひとつの銘柄を買います。どの銘柄をいくら買ったかという手の内は、明かしたくありませんから、時価総額100億円未満の銘柄を機関投資家が買うことはほとんどなく、したがって、新興銘柄についても詳しいというわけではないのです。

会社の存在を知らなければ、その銘柄がどんなに成長力があっても、買えません。だからこそ、**投資家に会社の存在を気づかれる努力をしなければ、株は買ってもらえず株価も上がりません**。

「良いマーケティングをして認知を高め、いいなと思ってもらって買ってもらおう」
「せめて認知だけは高めよう」

株価を上げたい社長は、ブログでもＳＮＳでも、認知を高めるための手段なら、なんでもやります。そして、社長が認知を高める努力をしている会社が「出世魚銘柄」になれるのです。

一方、テレビやラジオ、雑誌などで銘柄を紹介する株式評論家やアナリストも、社長には積極的に出てきてほしいと思っています。

なぜなら、誰も注目していない銘柄を取り上げるのは、リスクがあるからです。ですから、積極的に認知を高めようとしている企業には好意的です。

自社広告やメルマガ、ＤＭなどの中にＩＲ情報を混ぜるのは、ブランド名と企業名を結びつける努力のひとつです。他にも、店舗にＩＲのポスターを貼ったりチラシを置いたりと、その企業のビジネスモデルに結びつけながらIRの努力をしているのは、とても好感が持てます。

ブログやSNSでの発言を見れば、社長の人となりはわかります。

ネットで検索をすれば、記者が上手にまとめてくれている取材記事やインタビュー記事も出てきます。気軽に出てくれる社長は、ラジオやテレビでも雑誌でも、あちこちから呼ばれるので、頻繁に取り上げられている人もたくさんいます。一方、いくらググっても社長が出ていない企業は、「何かある」と思っても良いかもしれません。

ちなみに、Facebookでご飯の写真ばかりアップしている社長っていますよね。業種や業界にもよりますが、自社のPRとはあまり関係ないものの、情報発信をしないよりは良いと思います。

また、本を出している社長もいます。特に上場前には広告を兼ねて書く人も多いし、出版社もタイミングが良いので出版を持ちかけるのです。社長が言いたいと思っていることは大体書いてあるので、読んでみるのも良いと思いますよ。

社長を見きわめる【番外】実際に会える会社説明会

認知を高めるには、露出した方が良い。

そう考えている社長を見つける方法として、メディアや自社ウェブサイトの他にオススメしたいのが、個人投資家向けの会社説明会です。

これは、会場型のものもあるし、ウェブ動画によるものもありますが、こうした場に社長が出ていることも、とても大事です。

参加企業の資料はもちろん、商品サンプルやノベルティグッズなどももらえるので、一度足を運んでみてはいかがでしょうか。

ただ、そうした会社説明会（IRイベントと呼びます）も玉石混淆です。

まずは**IRイベントの主催者が誰かをチェック**しましょう。

そして、参加企業が有料で出展しているのか、それとも無料なのかを考えます。というのも、企業が有料で出展しているのであれば、ＩＲにお金も時間もかけて取り組んでいるわけで、それだけ株価を上げたいと思っている（今の株価が割安だと思っている）ことがわかるからです。

「ニッケイＩＲフェア」や「東証ＩＲフェスタ」など、毎年決まった時期に行われている媒体や市場が主催するＩＲフェアが、それに当たります。

一方、証券会社主催のセミナーは、参加企業も無料で出展できるケースが多くあります。

フェアでは、企業ブースと社長のミニセミナーをチェックしましょう。

ブースのチェックポイントは、社員のやる気があるかどうか。そして他の来場者がどのようなブースを見ているのかです。

社長のミニセミナーでは、社長の第一印象やトークの他、**社長のファッション**に注目してもおもしろいと思います。どんなブランドを身につけているのか（特にファッション系の企業なら自社ブランドを身につけているのか）など、「人となり」がわかる部分を見るのも参考になります。

地方の方は見て判断、動画による個人投資家向け説明会

かつては、ＩＲイベントは大都市圏で行うものが中心でしたが、最近はネット上でポータルサイト的に扱うケースも増えました。ネット社会になって情報をより得やすくなったのですから、気になる銘柄くらいは、買う前に調べておく習慣をつけましょう。

福の神オススメのサイトを２つご紹介しておきましょう。

アナリスト向けの説明会は少し個人投資家さんには難しいですが、パッと見てわからなくてもいくつか見ているうちに、わかるものとわからないものが出てくるはずです。その違いに注目して見ていくようにすると良いと思います。

わかるものには、「その業種の知識があるから」「同じ業種で同じことを何度も聞いていて慣れた」など、「わかる理由」があるからです。トレードに慣れてくると、そうした分野が自分の得意分野・得意銘柄になる可能性が高くなります。

IRTV
http://irtv.co.jp

各社の決算発表などを動画で流すサイトです。基本的には個人投資家向けの説明なので、わかりやすいかどうかがチェックポイントになります。

ログミーファイナンス
https://logmi.jp/finance

アナリスト向けの決算資料の書き起こしを集めたサイトです。

動画だと制限があってなかなか見てもらえないので、説明会の動画の音声を書き起こし、説明会資料とともに掲載しています。

ただしアナリスト向けの説明会が元になっているので、個人投資家には難しい面もあります。

気になる銘柄は、ＩＲメルマガを登録

この株を買おうかな、と本格的に考えるようになったら、その企業のＩＲメルマガを登録するのもアリです。

また、投資関係のサイトやＩＲ会社のサイトにメールアドレスを登録して個人投資家向けのメルマガを購読したりするのも良いでしょう。

もしＩＲイベントがアナリスト向けで参加できなくても、「アナリストのこの発言は、この前のＩＲミーティングで聞いた情報が元になっているんだな」と、アナリストの発言の根拠がどこにあるか推測するタネがわかり、マニアックな情報源となります。

気になる会社があれば、ＩＲ担当部署に電話やメールをしてＩＲのスケジュールを聞くのも古典的ですが効果のある方法です。スケジュールだけでなく、その企業について知りたいことは何でも、直接聞いてしまえば良いのです。

ＩＲ担当者の応対が良い会社かどうかというのも、その企業がどれだけＩＲを重視しているか＝株価を上げたいと思っているかの判断材料になります。

投資家のための企業情報サイト。ＩＲ情報が満載です。

野村インベスター・リレーションズ
http://www.nomura-ir.co.jp/

新規公開に興味があるのなら、新規上場の専門サイト『東京 IPO』

東京 IPO
http://www.tokyoipo.com/
新規上場の専門サイト

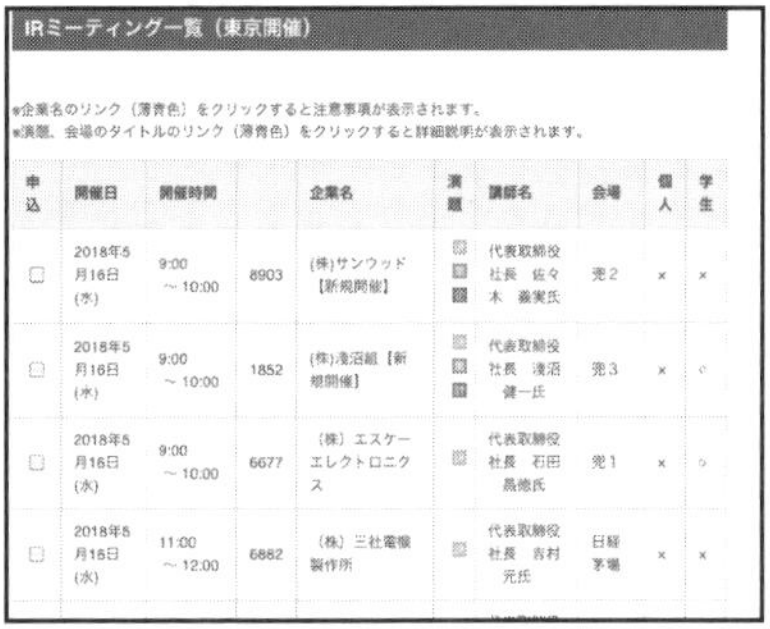
IRミーティング一覧（東京開催）

※企業名のリンク（薄青色）をクリックすると注意事項が表示されます。
※演題、会場のタイトルのリンク（薄青色）をクリックすると詳細説明が表示されます。

申込	開催日	開催時間		企業名	演題	講師名	会場	個人	学生
□	2018年5月16日(水)	9:00～10:00	8903	(株)サンウッド【新規開催】		代表取締役社長 佐々木 義実氏	兜2	×	×
□	2018年5月16日(水)	9:00～10:00	1852	(株)淺沼組【新規開催】		代表取締役社長 淺沼 健一氏	兜3	×	○
□	2018年5月16日(水)	9:00～10:00	6677	（株）エスケーエレクトロニクス		代表取締役社長 石田 昌徳氏	兜1	×	○
□	2018年5月16日(水)	11:00～12:00	6882	（株）三社電機製作所		代表取締役社長 吉村 元氏	日経茅場	×	×

各企業がアナリスト向けに行う IR の日時・会場のまとめ。たまに個人投資家や学生も参加できるものがあります。

日本証券アナリスト協会
https://www.saa.or.jp/learning/ir/meeting/index.html

本書の株価チャートは、ストックウェザー社に提供いただきました。
お問い合わせは　https://finance.stockweather.co.jp/　まで。

■著者略歴
藤本　誠之（ふじもと　のぶゆき）
「相場の福の神」と呼ばれるマーケットアナリスト。
年間300社を超える上場企業経営者とミーティングを行い、個人投資家に真の成長企業を紹介しています。「まいど！」のあいさつ、独特の明るい語り口で人気。ラジオNIKKEIで6本の看板番組を持ち、その他テレビ出演、新聞・雑誌への寄稿も多数。日興證券、マネックス証券、カブドットコム証券、SBI証券などを経て、現在は、財産ネット株式会社の企業調査部長。日本証券アナリスト協会検定会員、ITストラテジストAll About株式ガイド。

■相場の福の神ブログ
http://soubanofukunokami.hatenablog.com/
■ Twitter
https://twitter.com/soubafukunokami
■ Facebook
https://www.facebook.com/nobuyuki.fujimoto.3

本書の内容に関するお問い合わせ
明日香出版社　編集部
☎(03) 5395-7651

週《しゅう》55分《ふん》で、毎週《まいしゅう》5万円《まんえん》儲《もう》ける株《かぶ》

2018年　6月　26日　初版発行

著者　藤《ふじ》本《もと》誠《のぶ》之《ゆき》
発行者　石野栄一

明日香出版社
〒112-0005 東京都文京区水道2-11-5
電話 (03) 5395-7650（代表）
(03) 5395-7654（FAX）
郵便振替 00150-6-183481
http://www.asuka-g.co.jp

■スタッフ■　編集　小林勝／久松圭祐／古川創一／藤田知子／田中裕也／生内志穂
営業　渡辺久夫／浜田充弘／奥本達哉／野口優／横尾一樹／関山美保子／藤本さやか　財務　早川朋子

印刷　株式会社文昇堂
製本　根本製本株式会社
ISBN 978-4-7569-1974-8 C0033

編集担当　藤田知子

好評！併読オススメ株の本！！

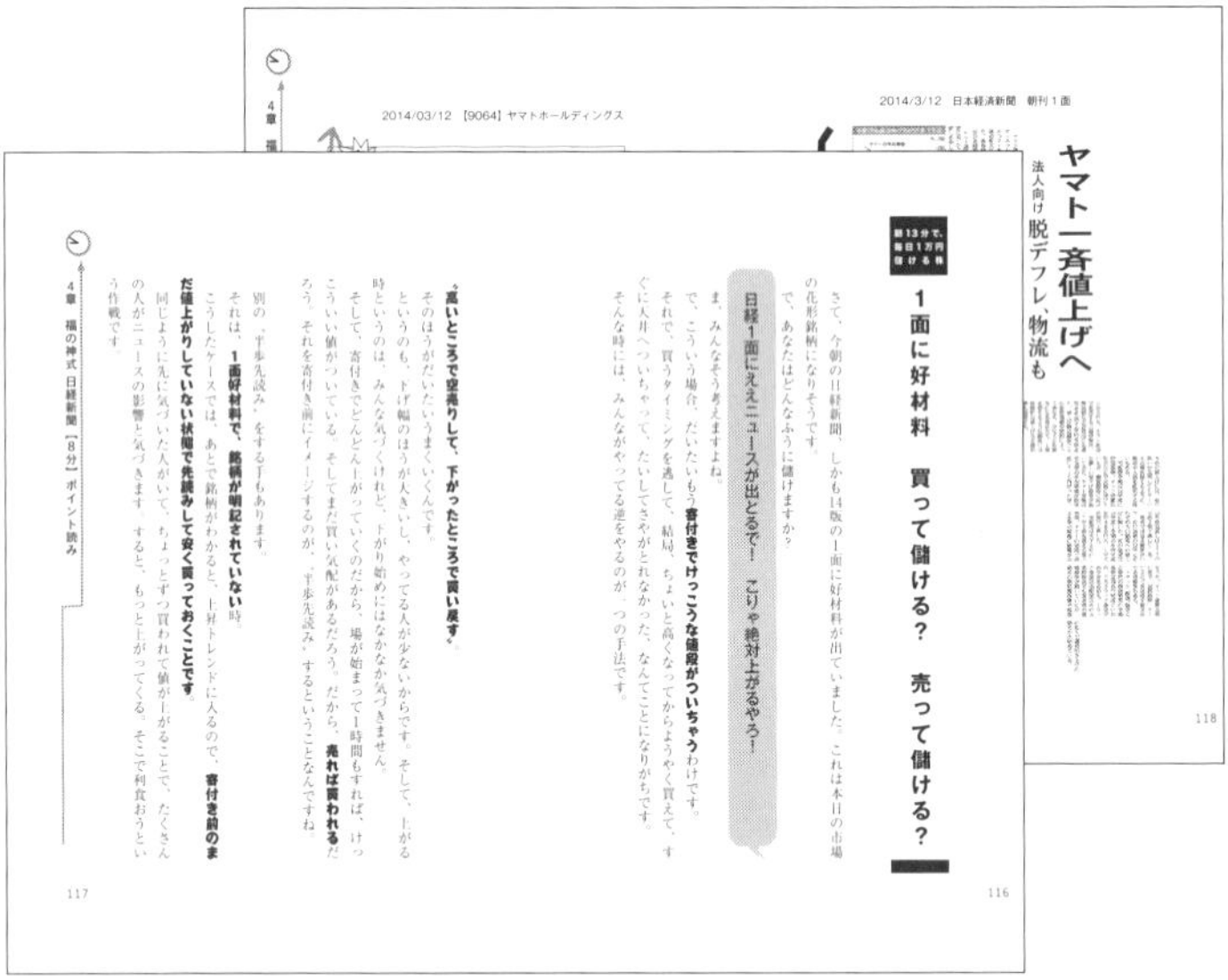

2014/03/12 【9064】ヤマトホールディングス

2014/3/12 日本経済新聞 朝刊1面

ヤマト一斉値上げへ

法人向け 脱デフレ、物流も

118

朝13分で、毎日1万円儲ける株

1面に好材料　買って儲ける？　売って儲ける？

さて、今朝の日経新聞、しかも14版の1面に好材料が出ていました。これは本日の市場の花形銘柄になりそうです。

で、あなたはどんなふうに儲けますか？

日経1面にええニュースが出とるで！　こりゃ絶対上がるやろ！

ま、みんなそう考えますよね。

で、こういう場合、だいたいもう**寄付きでけっこうな値段がついちゃう**わけです。

それで、買うタイミングを逃して、結局、ちょいと高くなってからようやく買えて、すぐに天井へついちゃって、たいしてさやがとれなかった、なんてことになりがちです。

そんな時には、みんながやってる逆をやるのが一つの手法です。

116

"高いところで空売りして、下がったところで買い戻す。"

そのほうがだいたいうまくいくんです。

というのも、下げ幅のほうが大きいし、やってる人が少ないからです。そして、上がる時というのは、みんな気づくけれど、下がり始めにはなかなか気づきません。

そして、寄付きでどんどん上がっていくのだから、場が始まって1時間もすれば、けっこういい値がついている。そしてまだ買い気配があるだろう。だから、**売れば買われる**だろう。それを寄付き前にイメージするのが、"半歩先読み"するということなんですね。

別の、"半歩先読み"をする手もあります。

それは、**1面好材料で、銘柄が明記されていない**時。

こうしたケースでは、あとで銘柄がわかると、上昇トレンドに入るので、**寄付き前のまだ値上がりしていない状態で先読みして安く買っておくことです。**

同じように先に気づいた人がいて、ちょっとずつ買われて値が上がることで、たくさんの人がニュースの影響と気づきます。すると、もっと上がってくる。そこで利食おうという作戦です。

4章　福の神式 日経新聞【8分】ポイント読み

117

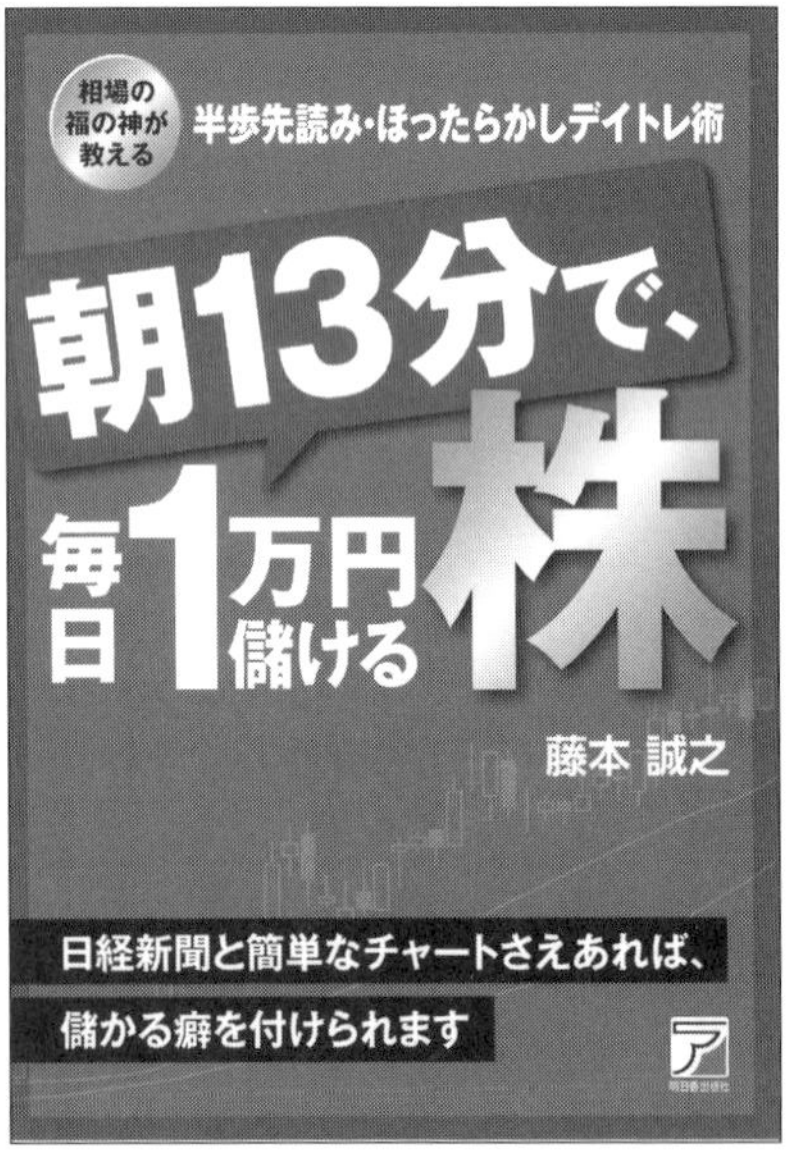

朝13分で、毎日1万円儲ける株

藤本 誠之：著/
本体価格1600円+税
ISBN4-7569-1704-1

「ほったらかし」で
「デイトレ」ってあり？
それがあるんです！
元手50万円でも、信用取引を上手に使えば、短時間で利益をしっかり稼げます!!
日経新聞と簡単なチャートさえあれば、儲かる癖を付けられます。
相場の福の神が教える、半歩先読み・ほったらかしデイトレ術。